LETTRE

A MONSEIGNEUR

LE DUC

DU MAYNE

SUR

LES CEREMONIES

DE LA CHINE.

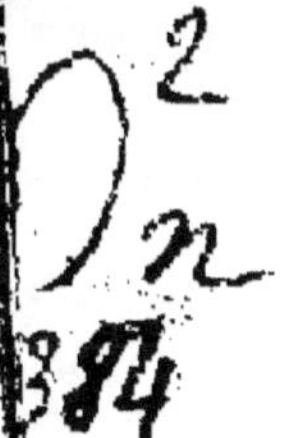

M. DCC.

LETTRE

A MONSEIGNEUR

LE DUC

DU MAYNE

SUR

LES CEREMONIES

DE LA CHINE.

MONSEIGNEUR,

Je ne suis pas surpris que les hérétiques se déchaînent ouvertement contre nous; ils nous regardent depuis long temps comme leurs ennemis déclarez; & il est de leur intérest de décrier dans le monde des gens qui les ataquent & qui les combattent de toutes parts. Mais je ne puis comprendre que plufieurs perfonnes à qui la religion, la confcience, & le zéle du bien public infpire ordinairement dès maximes d'une exacte probité, fe laiffent fi facilement prévenir quand il s'agit de condamner nôtre conduite.

On répand à Paris des Livres & des écrits injurieux où nous fommes traitez d'idolatres; on veut que nous approuvions les fuperftitions de la Chine, & que nous permettions aux nouveaux Chrétiens de facrifier publiquement aux idoles.

Une accufation de cette nature ne devroit pas impofer aux ennemis des Jéfuites les plus paffionnez; comment ceux qui fe veulent diftinguer dans le monde par un air de réforme & de piété, s'en laiffent-ils fi facilement éblouïr?

Quoy qu'ils puiffent dire, le danger n'eft pas fi grand pour les Jéfuites, qu'ils le font; & quand la malignité qui régne aujourd'hui dans le fiécle, répandroit encore fur les yeux des hommes de plus épaiffes tenebres; tandis qu'il reftera un peu de bon fens dans le monde, l'on ne fe perfuadera pas aisément que nous allions, l'encenfoir à la main, adorer les faux-Dieux de l'Orient.

Entretenir parmi les Catholiques la pureté de la Foy, la deffendre contre les hérétiques, la porter jusqu'aux extrémitez de la terre, c'est là, Monseigneur, l'esprit particulier de nôtre Compagnie, c'est son vray caractére, nous avons hérité ce zéle de nos Peres ; & les persécutions que nous souffrons aujourd'hui font assez connoistre que ce précieux dépost est encore tout entier entre nos mains.

Aprés tout comme il n'y a point de calomnie si grossiére, à laquelle la passion ne puisse quelquefois donner un air de vérité ; il me semble que nous devons là-dessus au public un éclaircissement qui instruise les sçavans, qui édifie les gens de bien, & qui impose silence, s'il se peut, aux ennemis des Jésuites, & à ceux de la Religion.

C'est, Monseigneur, ce que nous tâcherons de faire plus amplement dans la suite. Cependant V. A. S. ne trouvera pas mauvais que je la prévienne contre les faux bruits de nos adversaires, & que je justifie ici par avance en son esprit des Missiónaires qu'Elle ne peut croire coupables sans se condamner, si je l'ose dire, elle-même.

Car enfin, Monseigneur, il y a plus de quinze ans que vous les honnorez de vôtre protection. Vous avez connu la Chine presqu'aussi-tost que l'Europe ; dés vôtre enfance vous-vous faisiez un plaisir de nous entendre parler , non pas de ses richesses, ni de la magnificence de sa Cour, ni des victoires de ses Empereurs ; que pouvions-nous vous en dire qui ne fust au-dessous de ce qui vous environnoit, & de ce que vous admiriez tous les jours ? quand on approche d'aussi-prés que vous faites le plus grand Roy du monde ; quand comme vous on est élevé sous ses yeux & presqu'en son sein, peut-on estre sensible à la gloire de tous les autres Conquerans ?

Mais vous étiez vivement touché, Monseigneur, d'apprendre que la Foy dans la Chine triomphoit depuis long temps de l'idolatrie, & que le Royaume de JESUS-CHRIST s'affermissoit chaque jour par les travaux, par le zéle, par la sainteté de ses Ministres ; que même nos sciences profanes y faisoient jusque dans le Palais des Princes respecter la Religion.

Comme vous joigniez déslors à beaucoup de piété une forte inclination pour toutes ces sciences ; vous futes bien-aise de voir que l'esprit n'étoit pas opposé à la vertu ; qu'il y conduit même insensiblement ceux qui en sçavent faire un bon usage ; & qu'une humble étude des véritez naturelles nous donné presque toûjours de l'amour pour l'Auteur de la nature.

Ce fut par là, Monseigneur, que vous commençâtes à connoître, à aimer, à estimer nos Missions : le Roy parut touché de ces sentimens ; & nous devons à vos sollicitations ce que ce grand Prince fit alors pour nous établir solidement dans l'Asie.

Ce qui est surprenant, Monseigneur, c'est que vostre zéle ne s'est point ralenti avec l'âge ; il a crû au contraire au milieu des plus importantes affaires, dans les agitations de la guerre, parmi les divertissemens de la paix. L'ambition, les succés, les charmes de la Cour n'ont pas donné dans vôtre cœur la moindre ateinte à la Religion ; & non content de la conserver en vous-même, & de l'honnorer par une vie exemplaire, vous contribuez encore par vos libéralitez à l'étendre jusqu'à l'extrémité du monde.

Mais quel déplaisir pour vous, Monseigneur, si tous ces soins devenoient inutiles, si au-lieu de procurer comme vous pensez de saints Missionnaires à la Chine, vous ne lui donniez que de faux Apôtres ; il est sans doute de vôtre intérest, aussi-bien que du noftre, que vous en connoissiez le véritable caractére : comme vous avez plus de droiture, plus de solidité, plus de finesse d'esprit que personne, vous découvrirez aisément la vérité ; j'espére aussi que vous la ferez sentir à ceux qui la cherchent, & qu'on n'osera pas à l'avenir condamner si facilement ce que vous aurez vous-même jugé raisonnable.

Mais pour estre parfaitement instruit sur cette matiére, il est nécessaire, Monseigneur, avant toutes choses, que vous sçachiez un peu ce que c'est que la Chine, & combien le génie de ses habitans est différent du noftre.

Quand les Chinois jugent de nos mœurs selon les idées particuliéres qu'ils se sont formées depuis quatre mille ans, peu s'en faut qu'ils ne nous regardent tous comme des barbares : de même quand nous comparons les coûtumes de la Chine aux usages de l'Europe ; de la nation du monde la plus sage & la plus polie, nous en faisons la nation la plus bizarre & la plus déraisonnable.

Nous-nous trompons tous également, parce que les préventions de l'enfance nous empêchent de considérer que la plufpart des actions extérieures sont indifférentes d'elles-mêmes, & ne signifient proprement que ce qu'il a plû aux peuples d'y attacher dans leur prémiére institution : en France on se découvre pour saluer ceux qu'on honnore ;

il

Il faut à Siam se déchausser pour paroistre avec respect devant le Prince ; & la civilité veut à la Chine qu'on soit couvert, & botté même en présence de l'Empereur.

Tout cela paroist bien différent, & tout cela néanmoins exprime par tout la même chose: les peuples ont pour agir aussi-bien que pour parler un langage particulier ; & les maniéres des Etrangers sont comme leurs paroles, qui paroissent toûjoars bizarres & ridicules à ceux qui en ignorent le véritable sens.

Au reste quoy qu'on ne doive jamais précipiter son jugement sur les coûtumes des Nations étrangéres ; il faut estre particuliérement en garde lors qu'il s'agit de condamner les cérémonies des Chinois, tant leurs idées sont éloignées des nôtres.

Quand on les voit se prosterner les uns devant les autres, les genoux en terre, les mains jointes, & la teste courbée ; quand on remarque que non contens de salüer ceux qu'ils visitent, ils s'inclinent profondément devant toutes les chaises, & s'arrestent devant toutes les portes & à tous les coins de la maison pour y faire de profondes reverences ; on s'imagine d'abord qu'ils ont perdu le sens, ou qu'ils prennent la maison pour un Temple, les chaises pour des sta-

tuës, & celui qu'ils vifitent pour une Divinité : tout cela néanmoins eft parmi eux une
marque de refpeê fort ordinaire ; & ce feroit une incivilité groffiére de manquer en
cette occafion à la moindre partie de ces
cérémonies.

On eft encore plus furpris quand l'on
affifte pour la prémiére fois à ce qui fe paffe
dans leurs feftins, où il eft affez difficile de
connoiftre ce que les Chinois prétendent,
fi c'eft une comédie qu'ils joüent, ou une
fefte qu'ils célébrent, ou un facrifice qu'ils
offrent ; car enfin ce n'eft pas tant pour
manger que les conviez fe mettent à table,
que pour s'exercer durant fept ou huit heures en mille fortes d'aêions extraordinaires,
dont les unes paroiffent tout-à-fait comi-
ques, & les autres tout-à-fait religeufes.

Le Maître des Cérémonies a foin que
tout fe faffe par compas & par mefures : on
y honnore la table & le buffet ; on fe profterne devant les viandes ; on y tuë quelquefois des animaux, qu'on préfente encore
tout fanglans aux conviez ; on y brûle de
l'encens ou des paftilles ; on y allume des
bougies ; on y fait des efpéces de libations
de vin & de thé, que chacun de fon côté
éléve en l'air, & porte enfuite à fa bouche
feulement pour y goûter : tout cela paroift

tres-naturel aux Chinois ; mais c'eſt un myſtére pour les Europeans qui n'en comprennent pas les raiſons.

Que dirai-je des honneurs que le peuple rend quelquefois aux Gouverneurs des villes, quand ils ſe retirent dans une autre Province aprés avoir exercé leurs Charges avec l'approbation du Public ?

Dés qu'ils commencent leur voyage, ils trouvent ſur le grand chemin durant deux ou trois lieuës des tables rangées d'eſpace en eſpace, qui repréſentent parfaitement un Autel, car elles ſont entourées d'une longue piéce de ſoye qui pend juſqu'à terre ; on y brûle des parfums ; on y voit des chandeliers & des bougies, des viandes, des légumes & des fruits ; à côté comme ſur des crédences ſont diſpoſez le vin & le thé qu'on lui doit offrir. Auſſi-toſt que le Mandarin paroiſt, le peuple ſe met à genoux, courbe la teſte juſqu'à terre, & l'adore ce ſemble, comme une Divinité ; les uns font ſemblant de pleurer, les autres le prient de deſcendre, & de recevoir les derniéres marques de leur reconnoiſſance. On lui préſente cependant le vin & les viandes qui lui ſont préparées ; & on l'arreſte ainſi continuellement à meſure qu'il s'avance, juſqu'à ce qu'il ſoit arrivé au premier gîte.

Ce qu'il y a de plaisant, c'est que de moment à autre il trouve des gens qui lui tirent respectueusement ses bottes pour lui en donner de nouvelles, de sorte que dans moins de trois ou quatre heures il en chausse quelquefois plus de trente à quarante paires qu'on lui ôte & qu'on lui donne successivement : au reste toutes ces bottes qui ont touché au Mandarin, sont révérées par ses amis, & conservées comme une espéce de Reliques dans leurs maisons.

Ce que les Chinois font pour honorer leurs morts, n'est pas moins outré que ce qu'ils pratiquent à l'égard des vivans. C'est entr'eux une maxime établie non seulement par les Loix, mais encore par un usage universel, qu'il faut rendre à ceux qui sont décédez les mêmes honneurs qu'on leur rendoit quand ils étoient encore en vie.

Lors donc que le pere de famille est mort, on met le corps dans un cercueil de bois, verni doré, & peint, avec tous les ornemens qui conviennent à sa qualité ; ses enfans le gardent quelquefois ainsi plusieurs années dans leur maison, jusqu'à ce qu'ils soient en état de lui faire des obséques magnifiques. Cependant la famille a des jours marquez pour le pleurer ; tous reconnoissent qu'ils lui doivent la vie, les biens, la bonne éducation, ils lui offrent les viandes, le ris, le vin, dont il usoit auparavant, ils brulent même à son honneur des bougies & des parfums ; & comme ils sçavent que son ame n'est plus présente, ils pendent auprés de la biére un tableau où l'on a écrit le nom & la qualité du mort, avec ces paroles : *C'est ici le siége de l'ame*, que les sçavans entendent de cette sorte ; Côme l'ame est absente, c'est ici le lieu où il faut l'honorer comme si elle étoit présente : ces cérémonies ou quelques autres semblables se pratiquent aussi quelquefois sur les tombeaux.

Mais si les peuples se distinguent en ce qui regarde les honneurs qu'ils croyent devoir rendre à leurs morts, les sçavans semblent encore enchérir sur le peuple, quand il s'agit d'honorer la mémoire des anciens Législateurs, ou des plus célébres Philosophes de l'Empire.

En chaque ville on a élevé un Palais qui sert aux assemblées des sçavans ; dans l'une des salles on voit diverses petites planches dorées ou vernies, suspendues à la muraille, où l'on écrit les noms de ceux qui se sont autrefois distinguez dans les sciences. Confucius tient entr'eux le premier rang. C'est ce Philosophe qui durant sa vie a tâché par ses exemples de donner une forme parfaite au Gouvernement, & qui aprés sa mort en a laissé dans ses Livres les principales maximes.

Mais comme tout ce qu'il a écrit ne regarde point directement la Religion, on doit juger que ce n'est point aussi par un sentiment de religion, mais par un pur esprit de reconnoissance, qu'on lui rend tous ces honneurs dans l'Empire : & certainement ce que les Empereurs ont souvent déclaré dans leurs Edits, ce que nous lisons dans les Cérémoniaux, ce que nous répondent tous les jours les plus habiles Docteurs, ce qui se pratique en tant d'autres occasions, où l'on n'apperçoit pas même la moindre ombre de superstition, doit nous convaincre de cette vérité.

Voici en peu de mots, Monseigneur, comme les gens de lettres en usent à l'égard de ce Prince des Philosophes.

Ceux qui aprés des examens tres-rigoureux ont été jugez capables d'estre mis au nombre des Bacheliers, se rendent tous ensemble dans la maison d'un Mandarin, avec des vestes de toile noire & un bonnet tres-grossier. * Dés qu'ils sont en sa présence, ils s'inclinent tous jusqu'à terre, & ils se mettent à genoux, & se prosternent ensuite plusieurs fois selon la coûtume du payis : aprés

* ti-hio-tao.

cette premiére cérémonie, ils se lévent & se
rangent à droit & à gauche sur deux lignes,
jusqu'à ce que le Mandarin ait donné ordre
à ses Officiers de leur présenter des habits
plus décens. On apporte donc de tous côtez
des vestes, des surtouts, des bottes, & des
bonnets de soye; chacun prend l'habit qui
lui convient, & retourne se mettre en ordre pour se prosterner de nouveau devant
le tribunal du Mandarin; de là ils marchent
avec beaucoup de gravité jusqu'au Palais de
Confucius, ils s'inclinent profondément &
courbent la teste jusqu'à terre devant son
nom & devant celui des plus célébres Philosophes, comme ils avoient fait un moment
auparavant dans la maison du Mandarin:
enfin ils se retirent sans rien dire, sans rien
demander, sans rien offrir à Confucius.

Voila la premiére fonction des Bacheliers, qui se fait dans une ville du premier
ordre, & dont personne ne peut estre dis-
pensé: la seconde se pratique de la maniéra
suivante.

Dés que les Bacheliers sont de retour en
leur payis, ceux du même territoire vont ensemble se prosterner devant le Gouverneur
qui les attend, & qui reçoit sur son tribunal ces nouvelles marques d'honneur, il se
léve ensuite, il leur offre du vin dans des

coupes qu'il éléve auparavant en l'air ; on
diftribue par tout des piéces de foye rouge,
dont chacun fe fait une efpéce de baudrier;
ils reçoivent auffi deux baguettes entourées
de fleurs d'argent, qu'ils attachent à droit
& à gauche fur leurs bonnets en forme de
caducée ; un moment aprés le Gouverneur
marche à leur tefte jufqu'au Palais de Confucius pour achever la cérémonie par le falut ordinaire.

C'eft là comme le fceau qui les établit &
qui les met en poffeffion de leur nouvelle
dignité, parce qu'alors ils connoiffent Confucius pour leur maître, & témoignent par
cette action qu'ils veulent dorénavant fuivre
fes maximes dans le gouvernement de l'E-
tat.

Mais comme ces deux cérémonies ne font
pas tant un honneur rendu par le Public à
Confucius, qu'une proteftation de quelques
particuliers qui fe déclarent par là fes difciples ; les Empereurs outre cela ont cru que
par un efprit de reconnoiffance il étoit bon
que les Docteurs & les gens de lettres fiffent comme au nom de l'Empire un feftin
à ce grand homme. (C'eft fur tout par là
que les Chinois témoignent leur affection
& leur refpect ; & d'ailleurs, comme j'ay dit,
c'eft leur ancienne maxime, qu'il faut traiter

ceux

ceux qui font morts, comme ils méritoient
d'eſtre traitez durant leur vie.)

La veille du jour deſtiné à cette feſte on
a ſoin de préparer toutes choſes, on tuë un
cochon, on apporte du vin, des fruits, des
fleurs, & des légumes, qu'on range ſur une
table parmi des bougies & des caſſolettes.

Le landemain les Gouverneurs, les Docteurs & les Bacheliers ſe rendent au ſon des
tambours & des haut-bois dans la ſalle du
feſtin, c'eſt celle dont j'ay déja parlé à l'oc-
caſion des Bacheliers. Le Maître des Cérémonies qui doit régler toute l'action, or-
donne, comme un Officier qui feroit faire
l'exercice à des Troupes, tantoſt de s'incliner, tantoſt de ſe mettre à genoux, & tantoſt de ſe courber juſqu'à terre. Quand le
temps de la cérémonie eſt venu, le premier
Mandarin prend ſucceſſivement les viandes,
le vin, les légumes, & les préſente devant
les noms des Philoſophes, diſant qu'il ſouhaitte que ce jour-là ſoit heureux pour l'aſſemblée. On fait enſuite en peu de mots le
panégyrique de Confucius ; on loüe ſa ſcien-
ce, ſa ſageſſe, ſes bonnes mœurs ; mais on
ne parle ni de ſa ſainteté, ni de ſon pouvoir,
ni des biens que l'Empire eſpére de ſa protection ; ce ſont des idées qui ſont venues
à quelques Miſſionnaires peu inſtruits, ou

à quelques idolatres superstitieux : les Docteurs se piquent entr'eux d'émulation en considérant la science de leur Maître, & les honneurs qu'on rend en sa personne à tous les sçavans ; mais ils sont fort persuadez que c'est uniquement par la lecture de ses Livres, & non pas par son secours & par ses graces qu'ils deviendront habiles gens.

C'est ainsi que cette action commence : elle finit par des inclinations & des réverences réitérées, par le son des flutes & des haut-bois, & par les civilitez réciproques que les Mandarins se rendent les uns aux autres. Enfin on enterre le sang & le poil de l'animal qui a été offert, & on brûle en signe de joye une longue piéce de soye qui est attachée par un bout à la pointe d'une pique, & qui flotte jusqu'à terre à la maniére des drapeaux : on va ensuitte dans une seconde salle rendre à-peu-prés les mêmes honneurs aux anciens Gouverneurs de villes & de Provinces, qui se sont autrefois rendus illustres dans l'administration de leurs Charges. Enfin dans une troisiéme salle, où sont les noms des bons & des vertueux citoyiens, l'on fait encore les mêmes cérémonies ; témoignant ainsi que la vertu, en quelque personne qu'elle se trouve, mérite également d'eltre honorée.

Les Roys & les Grands de l'Empire ont outre cela des appartemens particuliers dans leurs Palais, où ils rendent de semblables marques de respect & de reconnoissance à la mémoire de leurs ancestres ; c'est ce qui a fait croire à quelques-uns que ces salles, aussi-bien que celle de Confucius, étoient des Temples, que ce Philosophe & les autres morts étoient des idoles, & que ces festins ou ces présens devoient passer pour de véritables sacrifices.

Et certainement toutes ces cérémonies qui ont selon nos idées tant de raport à un culte religieux, & à la superstition, l'abus que les Bonzes & le peuple grossier font tous les jours des actions les plus indifférentes, ont obligé long tems nos premiers Missionnaires à suspendre leur jugement avant que de rien décider sur une matiére si importante.

Ils sçavoient d'un côté que quand il s'agiroit de convertir toute la terre, ce seroit un horrible sacrilége d'introduire l'erreur la plus légére dans l'Eglise de Jesus - Christ, *cette Epouse sans tache & sans ride* : ils avoient lû dans les saintes Ecritures que le Seigneur ne peut rien avoir de commun avec Bélial. Mais d'ailleurs ils faisoient réflexion qu'il n'étoit pas juste de condamner légérement

C 2

les coûtumes d'un Empire aussi ancien &
aussi sage que celui de la Chine, parce
qu'elles n'étoient pas conformes à nos idées ;
qu'aprés tout on les avoit établies dans un
temps où il n'y avoit pas parmi les Chinois
la moindre ombre d'idolatrie ; que toute la
nation les regardoit comme le lien le plus
étroit de la société civile ; qu'en les interdi-
sant toutes, on auroit le déplaisir d'attirer
sans nécessité sur les nouveaux Chrétiens de
sanglantes persécutions, & de fermer pour
toûjours la porte à l'Evangile.

Pour sortir de cét embarras, & prendre
là-dessus une résolution qui fust en même
temps conforme à la pureté de la Foy & au
bien particulier de ses Missions, les Jésuites
s'appliquérent avec un zéle que nos ennemis ne peuvent s'empêcher de loüer ; à l'é-
tude de la Langue & de la science du payis ;
ils employérent plus de quinze ans à déchi-
frer leurs hiéroglifes ; ils interrogérent les
sçavans ; ils éxaminérent la Religion des
Bonzes ; ils eurent commerce avec les Ma-
giftrats & les Gouverneurs des Provinces ;
ils s'instruisirent du Gouvernement, des
coûtumes, du génie particulier des peuples ;
& pour en connoître encore plus particuliérement l'esprit & le caractére, ils remon-
térent par la lecture des anciennes histoires

juſqu'aux premiers ſiécles de la Monarchie: Enfin aprés un travail que la grace ſeule & le zéle du ſalut des ames peuvent rendre ſuportable, voici l'idée qu'ils ſe formérent de la Chine.

1° Ils remarquérent que cét Empire étoit le plus ancien de tous ceux que nous connoiſſons par nos hiſtoires profanes ; que les premiers Roys avoient été ſçavans, religieux, politiques ; que les peuples ſe ſoumettant ſans peine à leurs loix, étoient devenus la nation du monde la mieux réglée & la plus heureuſe ; que pour ne rien perdre de leur probité & de leur politeſſe, ils s'étoient fait une maxime d'état de n'avoir aucun commerce avec leurs voiſins, gens groſſiers & barbares ; que de cette ſorte ils avoient toûjours conſervé leurs coûtumes particulieres.

2° Ils trouvérent que les premiers Chinois avoient connu un Dieu Souverain, & des Eſprits qui veilloient à la conſervation des Roys, des Gouverneurs, des Magiſtrats & du peuple ; qu'ils leur rendoient un culte religieux ; & que cette Religion qui étoit ſans doute venuë des enfans de Noé, avoit continué à la Chine prés de deux mille ans ſans preſqu'aucun mêlange d'idolatrie.

3° Leur morale parut auſſi pure que la

Religion ; & les Missionnaires admirérent souvent ces excélentes maximes, & les exemples de vertu héroïque qui sont répandus dans la pluspart de leurs anciens Livres.

4° Quoy que dans les Livres on trouve par tout des traces d'une bonne Religion, on voit néanmoins que les Auteurs ne s'y proposent presqu'autre fin que le bon ordre de l'Etat ; leurs Loix regardent uniquement la Police, les cérémonies civiles, les moyens de conserver la paix & la tranquillité dans l'Empire. Pour y réussir, ils ont cru qu'il falloit sur tout établir quatre maximes, ou plûtôt inspirer quatre sentimens qui fussent comme l'ame & la régle vivante d'un Gouvernement parfait, l'amour des sciences, l'obéissance des Sujets à leur Prince, la douceur & la politesse dans la société civile, & le respect des enfans pour leurs peres. L'étude des sciences, disent-ils, occupe, polit & perfectionne l'esprit ; la soumission des Sujets empéche les séditions & les revoltes ; le respect des enfans entretient l'union dans les familles.

Pour donner au peuple une haute idée des sciences, ils ont tellement multiplié leurs caractéres, & les ont rendu si obscurs, que si c'est une science, c'est sans doute la science la plus profonde qui ait jamais été dans le

monde : ces caractéres fi difficiles, fi myf-
térieux, fi peu entendus des Chinois même
les plus habiles, font néanmoins devenus
tres-communs par le foin qu'on a pris de
les répandre fur tous les monumens publics;
ils font gravez fur le marbre des Maufolées,
fur les portes des villes, fur les arcs de tri-
omphe, fur les ponts des riviéres, fur pref-
que toutes les pierres qui foutiennent les le-
vées des canaux, comme fi par là on avoit
eu deffein de les expofer à la vénération publique; on les honnore même dans les Livres les plus ordinaires, dont on ramaffe les
feüilles avec refpeɛ̌, fi par hazard elles
étoient tombées; ce feroit un crime d'en
faire un ufage profane, de les fouler aux
pieds en marchant, ou de les jetter même
avec indifférence.

On infpire encore plus de refpeɛ̌ pour
les Auteurs des Livres, & fur tout pour les
Légiflateurs de l'Empire : les Roys & les
gens de lettres les regardent tous également
comme leurs Maîtres; ils honorent publiquement leur mémoire; ils relévent publiquement leurs moindres aɛ̌ions & leurs
vertus les plus communes; ils revérent pref-
que jufqu'à leurs défauts.

Cette eftime que les Chinois ont conçue
pour les fçavans, réveille par tout l'émula-

tion dans la jeuneſſe; ainſi les eſprits ne languiſſent point dans une molle oiſiveté, & l'on voit de toutes parts les enfans s'exciter les uns les autres au travail, d'autant plus que les Grands du Royaume ne ſoûtiennent l'état de leurs familles que par une longue étude, & que le peuple ne peut preſque jamais faire une médiocre fortune que par la voye des ſciences.

5° Nos Miſſionnaires ne pouvoient aſſez admirer l'obéiſſance que les Chinois rendent à leurs Magiſtrats. Un peuple infini, inquiet, intéreſſé juſqu'à l'excés, & toûjours en mouvement pour acquérir du bien par toutes ſortes de voyes, eſt néanmoins gouverné & retenu dans les régles du devoir par un tres-petit nombre de Mandarins, tant l'ombre ſeule de la Majeſté royalle qui paroît dans leurs perſonnes a de pouvoir ſur les eſprits : car il eſt vray que l'Empereur eſt à la Chine, ſi l'on en juge par les apparences, une eſpéce de Divinité. Autrefois il ſe tenoit toûjours dans ſon Palais comme dans un Sanctuaire ; & ſes Sujets le croyoient d'autant plus élevé au deſſus d'eux, qu'il paroiſſoit moins homme, & qu'il étoit moins dans le commerce du monde.

Quoy que l'Empereur ſe ſoit un peu plus humaniſé dans la ſuite, les Grands de la Cour,

Cour, & même les premiers Princes du Sang ne laissent pas encore de le revérer, presque jusqu'à l'adoration ; ils se prosternent non seulement en sa présence, mais encore devant son fauteüil & devant son trône, ils se mettent même à genoux devant ceux qui portent son habit ou sa ceinture ; ses ordres sont sacrez, & sa volonté est écoutée, comme s'il étoit descendu du Ciel ; ce n'est pas qu'ils ne connoissent ses défauts, & qu'ils ne condamnent souvent au fond du cœur ses passions & ses vices ; mais ils croyent devoir donner au déhors ces marques d'un profond respect, pour obliger par là les peuples à se soumettre aveuglément aux commandemens du Prince.

6° Pour ôter aux esprits cette rudesse que la négligence des devoirs civils & la trop grande liberté de suivre son caprice introduit souvent parmi les peuples, les Chinois ont fait des régles de civilité & de politesse ; & en-effet les saluts ordinaires, les visites, les présens, les festins, & tout ce qui se pratique en public & dans le domestique, sont platoft des loix rigoureuses, que des usages introduits peu à peu par la coûtume.

Il y a même un Parlement à Pékin, dont l'unique fonction est de conserver l'usage des Cérémoniaux de l'Empire, & il est si rigou-

reux là-deſſus , qu'il ne pardonne pas même
aux Etrangers , s'ils y manquent par mégar-
de : c'eſt pour cela qu'on inſtruit les Amba-
ſſadeurs en particulier , & qu'on les exerce
aux cérémonies du payis durant quarante
jours , avant que de les produire à la Cour.

Au reſte cette Police des civilitez publiques ſe réduit preſque toute à régler la maniére dont on doit s'incliner , ſe mettre à
genoux , ſe proſterner une ou pluſieurs fois,
ſelon le temps & le lieu , ſelon l'âge & la
qualité des perſonnes , ſur tout quand on ſe
viſite , quand on fait des préſens, ou quand
on donne à manger à ſes amis , car alors
tout eſt réglé comme dans les actions les
plus religieuſes.

Les Etrangers qui ſont obligez de s'y conformer , gémiſſent ſous le poids de ces fati-
gantes cérémonies ; mais les Chinois ne s'en
rebuttent point , au-contraire ils s'en font
un mérite parmi nous , & ils croyent que
c'eſt faute d'une pareille éducation , que les
autres Nations ſont devenuës groſſiéres &
barbares dans le monde.

7° Mais de toutes les maximes que les
Jéſuites trouvérent répandues dans les anciens Livres de la Chine , ils n'en virent aucune qui fuſt plus dans l'eſprit de la nation,
& qui fuſt auſſi plus réguliérement obſervée

que celle-ci qui oblige les enfans de respecter leurs peres. On a poussé ce sentiment au
delà de ce qu'on peut dire ; & il faudroit
un volume entier pour exprimer tout ce que
pensent les Chinois sur cela. Selon eux les
peres qui ont donné la vie & le bien à leurs
enfans doivent toûjours estre les maîtres de
l'un & de l'autre ; c'est une sentence de leur
Philosophe, *Que les Roys doivent avoir dans
l'Empire toute la tendresse d'un pere, & que les
peres dans leurs familles doivent avoir toute l'autorité des Roys.*

Les enfans se prosternent chaque jour
devant eux, & continuent de leur parler à
genoux jusqu'à ce qu'on les reléve : celui qui
diroit une injure à son pere, seroit regardé
comme un monstre, & pour le punir il n'y
auroit point de châtiment assez rigoureux
dans les Loix ; mais bien loin que les enfans
se portent à cét excés, tout leur soin est de
les consoler dans leurs maladies, de les nourrir dans leur vieillesse, de les pleurer quand
ils sont morts ; ils voudroient, disent-ils, les
pouvoir même faire ressusciter ; mais du
moins se croyent-ils obligez de faire revivre
leur mémoire par des marques continuelles
de tendresse & de reconnoissance

C'est pour cela qu'autrefois on donnoit
les habits du mort à un homme vivant qui

tenoit fa place, qui écoutoit les plaintes de
fes enfans, qui recevoit leurs larmes, qui
mangeoit auprés d'eux les viandes qu'on lui
avoit offertes ; & la famille défolée tâchoit
par là de tromper pour un temps fa douleur,
& malgré la mort, de conferver encore un
pere dans un autre lui-même.

Aprés tout il ne faut pas croire que les
Chinois foient plus tendres que les autres
hommes ; mais en vérité ils nous font par là
connoiftre qu'ils font beaucoup plus politiques. Les plus fages parmi eux avoient bien
compris que ce profond refpect rendoit les
enfans parfaitement foumis à leurs parens ;
que cette foumiffion entretenoit la paix dans
les familles ; que cette paix confervoit dans
les villes le calme & la tranquillité ; que ce
calme empêchoit les revoltes des Provinces,
& mettoit ainfi l'ordre dans tout l'Empire.
C'eft ainfi que raifonnent leurs Philofophes.
C'eft dans cét efprit qu'il faut regarder toutes les cérémonies de la Chine. Que fi les
Bonzes y ont mêlé dans la fuite quelques fuperftitions, il n'eft pas jufte d'en rendre ref-
ponfables les premiers Légiflateurs qui pour
le bien public fe font tres-fagement fervis
des fentimens de la nature.

Il faut au contraire conferver ce qu'il y a
de bon, permettre ce qui eft indifférent,

tolérer même quelquefois pour un temps ce qui peuteftre fembleroit douteux, & retrancher toûjours le mal véritable : car la prudence n'eft jamais contraire à la Religion ; & le zéle eft beaucoup plus pur & plus utile, quand il eft éclairé par la fcience.

C'eft, Monfeigneur, ce que nos premiers Miffionnaires ont tâché de faire, aprés s'eftre inftruits par la lecture des Livres anciens & modernes, par le commerce des Sçavans, par les difputes particuliéres, par toutes les voyes enfin que la prudence chrétienne peut infpirer en femblables occafions; & pour cela ils convinrent tous de deux chofes.

La premiere, qu'on pouvoit permettre aux Chrétiens les deux cérémonies qui fe pratiquent comme j'ay dit par les Bacheliers au temps de leur reception : car alors ils vont en Corps au Palais de Confucius ; ils font devant fon nom les revérences que tous les difciples doivent faire en préfence de leurs Maiftres ; ils ne lui demandent rien, ils ne lui offrent rien, ils ne font aucune action qui ait tant foit peu l'air de Sacrifice : mais ils jugérent à propos de deffendre les cérémonies publiques du Printemps & de l'Automne, qui ont à l'extérieur quelqu'apparence de fuperftition ; & on les deffendit d'autant plus aisément, que les Docteurs ne font point obligez par les Loix d'y affifter. Voila ce qui a raport à Confucius.

Le fecond point qui regarde les morts, fut décidé de la maniére fuivante. Depuis le commencement de la Monarchie les Chinois ont honoré la mémoire de leurs Anceftres par un efprit de piété, de reconnoiffance & de politique. Ils fe profternent devant leurs cercueils, ils y brûlent des odeurs & des bougies ; ils y offrent des viandes, du vin & des fleurs ; ils pleurent & font des repas fur leurs tombeaux. Ces actions dans leur inftitution & dans l'efprit de la Nation ont paru purement civiles ; & on a cru que pour le bien de la Religion, & pour ne pas mettre un obftacle invincible à la converfion de ces peuples, on pouvoit les tolérer.

Mais dans la fuite les Bonzes y ont mêlé plufieurs autres cérémonies fuperftitieufes qui ne fe trouvent point dans les Cérémoniaux, & que les Loix même condamnent. Les Miffionnaires ont jugé qu'il falloit abfolument les interdire aux Chrétiens, & leur deffendre même d'y affifter ; à-moins que la civilité, la coûtume du payis, le danger de s'attirer la haine de leurs proches ne les y obligeaft ; & en ce cas-là même on veut qu'ils faffent, s'il fe peut, une profeffion publique de leur foy.

Voila, Monſeigneur, en peu de mots nos erreurs, voila l'idolatrie des Jéſuites. Mais en vérité s'ils ont commis en cela quelque faute, on ne peut pas du moins les accuſer de mauvaiſe foy. Car enfin ce qui doit perſuader que le relâchement n'y eut aucune part, c'eſt qu'ils perſeverérent dans cette opinion au milieu même de leur exil dans leur priſon de Canton dans le temps qu'ils ſouffroient une cruelle perſécution pour J. C. Eſt-il poſſible que des gens vouluſſent lâchement trahir les intereſts de la Religion, lors même qu'ils offroient leur vie pour la deffendre : on ne peut donc tout au plus les accuſer que d'ignorance. Mais je ne ſçay, Monſeigneur, comment nos adverſaires ozent nous faire ce reproche. Les Chinois ſont frappez d'étonnement quand ils conſidérent les progrés que nos Miſſionnaires ont fait dans leurs ſciences ; les Docteurs n'en parlent qu'avec admiration , juſqu'à s'incliner profondément au ſeul nom de leurs ouvrages ; l'Empereur même en fait publiquement l'éloge : & rien n'a donné aux Idolâtres une ſi haute idée de nôtre Religion, que la réputation de ſes Miniſtres ; juſques-là que les infidéles ont ſouvent balancé ſur nos Myſtéres les plus obſcurs, par

la seule raison que des gens aussi habiles que
nous ne pouvoient se tromper. Ceux qui ne
veulent jamais rien croire sur nôtre témoignage, révoqueront peutestre en doute la
vérité de ce que je dis : mais du moins le
R. P. de Leonissa qui est au-jourd'hui si contraire aux Jésuites, n'aura peutestre pas oublié ce qu'il m'a dit autrefois à Xankin, que
quelques Livres des premiers Missionnaires
renferment une érudition si profonde, qu'on
n'avoit pû les composer sans une inspiration
particuliére.

Ce n'est pas sans peine, Monseigneur,
que j'ay pû me résoudre à vous parler ainsi
dé mes freres ; je devois laisser dire aux Sçavans de ce siécle quels hommes ce sont que
les Ricci, les Deschaal, les Martini, les Ver-
biest, & tant d'autres dont les noms sont
également réspectables à la Chine & dans
l'Europe : il sembloit même inutile de cher-
cher en leur faveur des éloges profanes, depuis que les Souverains Pontifes ont consa-
cré en quelque maniére par des Brefs leurs
études & leurs sciences, & marqué par là à
toute l'Eglise l'idée qu'ils avoient de leur ca-
pacité. Mais nous avons tant de sortes d'esprits à convaincre, que j'ay cru ne pouvoir
tout-à-fait dissimuler l'injustice de ceux qui
opposent quelquefois des autoritez assez obs-

cures

tures à des nuées de témoins si éclatantes.

Quoy qu'il en soit, Monseigneur, il est du moins certain que ces premiers Apôtres de la Chine n'ont pas pris légérement leur parti ; & ceux qui sans passion voudront bien examiner leurs raisons, trouveront qu'elles sont du moins aussi convaincantes, que l'est leur autorité.

Voici donc ce me semble ce qu'on peut dire en leur faveur. Quand on accuse une personne d'idolatrie, ou l'on regarde son action en elle-même & comme elle se présente d'abord à nos yeux, ou l'on a égard à sa premiére institution, & au premier sens que les Anciens y ont attaché, ou bien encore l'on considére l'intention particuliére de ceux qui la commettent.

Or de quelque maniére qu'on examine les cérémonies que nous avons permises à la Chine, nous ne croyons pas qu'on doive les condamner d'idolatrie. Car premiérement ces cérémonies considérées en elles-mêmes sont tres-indifférentes, aussi-bien que la pluspart des autres actions humaines; & quand nous en jugerions selon les idées particuliéres des Europeans, nous ne devrions pas aisément les croire mauvaises. En Angleterre on fléchit les genoux devant les Roys : nous leur offrons du vin & des vian-

E

des lors qu'ils font décédez : nous encenfons les morts & les vivans dans nos Eglifes, & à la vûe même de nos Autels ; pourquoy trouver mauvais que les Orientaux, dont le génie eft toûjours porté à outrer les marques de refpect les plus ordinaires, faffent entr'eux quelque chofe de femblable à ce qui paffe parmi nous.

Certainement fi les Chinois peu inftruits de nos Myftéres, jugeoient de nôtre Religion par ce qui paroift d'abord au déhors, il n'y en a pas un feul qui ne nous cruft idolatres. Que diroient-ils en nous voyant profternez devant les Images & les Statuës de nos Temples ? que pourroient-ils penfer lors qu'ils jetteroient la vûe fur cette multitude infinie de peuple qui joint les mains & qui prie fi conftamment devant les Tableaux, où fouvent les démons font peints avec les Anges, & les réprouvez avec les Saints. Mais par quel endroit les plus fages d'entr'eux pourroient-ils nous juftifier s'ils étoient préfens à l'adoration de la Croix, que les Chrétiens font chaque année d'une maniére fi folemnelle ? les hérétiques malgré tous nos éclairciffemens en paroiffent tout fcandalifez depuis prés de deux fiecles ; ils nous écrivent de tous côtez & à tous momens, *Vous adorerez vòtre Dieu, & vous le fervirez lui*

feul : nous-nous moquons de leurs reproches, nous rejettons fur eux leur fcandale
injufte ; & malgré tout ce que pourroit penfer un Chinois, qui prendroit comme eux
en mauvaife part de fi faintes pratiques, on
ne laifferoit pas dans l'Eglife de J. C. de
les fuivre, parce qu'elles font fagement &
utilement établies par nos peres.

Cependant dés qu'on parle ici des coûtumes de la Chine, des génuflexions, des
profternemens, des préfens qui fe font aux
Morts & à Confucius, nous crions d'abord,
anathéme, idolatrie, abomination, quoy
qu'affurément les Chinois ne penfent à rien
moins qu'à un culte religieux : n'a-t-on jamais offert de viandes qu'à la Divinité, ne
peut-on fléchir les genoux que devant une
Idole ? voyons du moins ce que les Chinois
prétendent, avant que de les juger coupa-
-bles.

C'eft, Monfeigneur, ce que tres-peu de
perfonnes veulent faire. Les uns, parce qu'ils
feroient bien marris d'y trouver la juftifi-
cation des Jéfuites ; & ceux-là ne font pas de
bonne foy : les autres, parce qu'ils ne
croyent pas qu'il foit permis de donner aux
créatures ces marques extérieures de vénération, dont nous nous fervons quelquefois
pour honorer Dieu ; & ceux-ci font héreti-

ques. Les derniers enfin , parce qu'ils s'imaginent que la chose parle d'elle-même , que les faits portent néceſſairement avec eux leur condamnation , & qu'ils ſont de leur nature ſuperſtitieux.

Mais comme vous voyez , ce n'eſt pas eſtre Théologien , que de raiſonner de la ſorte ; ce n'eſt pas même eſtre Philoſophe , puis qu'il eſt évident que les actions extérieures dont il s'agit , ne ſont ni bonnes ni mauvaiſes d'elles-mêmes , mais qu'elles le deviennent ſeulement , ou par la fin de leur première inſtitution , ou par l'intention de celui qui les fait. C'eſt , Monſeigneur , ce que je vais tâcher de vous expliquer en peu de mots.

Pour peu que V. A. S. rappelle ce que j'ay eu l'honneur de lui dire du génie particulier des Chinois , de leurs mœurs , de leurs maximes , elle n'aura pas de peine à comprendre la fin qu'ils ſe ſont propoſée dans l'inſtitution des anciennes cérémonies ; car il eſt évident qu'ils ne regardoient pas en ce temps-là leurs Anceſtres comme des idoles.

1° Parce qu'ils reconnoiſſoient dans tout l'Empire un Dieu Souverain qui aprés la vie recompenſoit les bons , & puniſſoit les coupables ; il eſt vray que ſelon cetre idée ils

euſſent pû s'imaginer que les ames des gens
de bien méritoient un culte religieux ; &
en ce cas-là ils n'auroient pas commis d'idolatrie : mais ce qui doit nous convaincre
qu'ils agiſſoient ſur d'autres principes , c'eſt
qu'ils honoroient également tous les morts,
& que les méchans auſſi-bien que les bons,
recevoient de leurs enfans les mêmes marques d'eſtime & de vénération.

2° Toutes les fois qu'une nouvelle Secte
s'eſt élevée à la Chine , les Philoſophes ſe
ſont ouvertement déclarez contr'elle. Jamais perſonne n'a écrit contre les cérémonies de Confucius & des morts , ſi ce n'eſt
lorſque les peuples en ont abuſé : car alors
les Empereurs ont renversé les Statuës éle-
vées dans les Temples à l'honneur de ce Philoſophe ; on en a chaſſé les Bonzes qui vouloient lui ſacrifier comme aux autres Divinitez du payis ; & l'on a menacé de mort
ceux qui ſeroient aſſez téméraires pour le
confondre avec les idoles ; parce que l'an-
tiquité , diſent les Hiſtoriens , ne reconnoît
point le pouvoir de ces ſortes d'eſprits : tant
il eſt vray que la Religion n'a point eu de
part dans l'inſtitution des anciennes cérémonies.

3° Entre les Divinitez qui ſont adorées
par les Bonzes, on ſçait aſſez qu'il y en a

pluſieurs & de tout ſexe qui ont autréfois vécu & qui ſont décédez à la Chine. Si donc le culte général qu'on rend à-préſent aux morts, étoit un culte religieux: ſi dans les premiers ſiécles de la Monarchie on euſt voulu les honorer comme des Divinitez ; certainement tous les morts, & beaucoup plus les morts illuſtres, tels que ſont ceux que les Bonzes révérent, auroient été par là mis au nombre des Dieux, & les Loix approuveroient ceux qui les adorent : Cependant les Empereurs & les Cours Souverai-nes condamnent toutes les années ces ridi-cules erreurs ; ils les regardent comme nou-velles, & contraires à tous les anciens Légiſ-latears ; & ils traittent de chiméres dans leurs Edits tous les faux-dieux des Idolatres. Il eſt donc certain que les honneurs qu'on rend aux Ancêtres n'ont jamais été parmi les Chinois une véritable adoration.

4° Les Mahométans qui ſont depuis tant de ſiécles établis dans l'Empire, & qui ont là comme par tout ailleurs une ſi grande horreur pour l'idolatrie, honorent Confu-cius & les morts à la maniére du payis : ce-pendant il y a parmi eux un grand nombre de Docteurs & de Mandarins qui ſçavent parfaitement la Langue, l'Hiſtoire, & les Coûtumes du payis. C'eſt un grand préjugé, qu'au temps de leur premier établissement dans la Chine ces cérémonies n'étoient qu'un culte purement politique.

5.° Dans les calamitez publiques on offre par tout des Sacrifices au Xaint, aux esprits inferieurs, aux idoles : les Empereurs, les Mandarins, les Bonzes font des priéres publiques, ordonnent des jeûnes, exhortent les peuples à la vertu & à la pénitence : mais jamais on ne va dans les salles de Confucius ou des Ancestres pour implorer leur protection, ou pour leur demander des graces. N'est-ce pas une preuve manifeste que les Chinois ne les mettent pas au nombre des idoles ou des Divinitez du payis.

Ce sont là, Monseigneur, des raisons générales, mais tres-fortes & tres-convaincantes pour ceux qui voudront de bonne foy s'appliquer à connoître le génie particulier des Chinois. Mais voici quelque chose de plus sensible, & qui décide ce me semble tout-à-fait la question.

C'est une ancienne maxime de Confucius & des Philosophes, *qu'il faut honorer les hommes aprés leur mort de la même maniére qu'on les honoroit durant leur vie.* Or il est certain que les hommes vivans ne sont pas honorez à la Chine d'un culte religieux, mais civil & politique. Ainsi les morts selon la pensée 'de Confucius ne le doivent pas eſtre autrement ; & c'eſt agir contre l'inſtitution des anciens que de les traitter comme des *Idoles*. Auſſi eſt-il certain ſelon les remarques de tous ceux qui ont examiné les cérémonies chinoiſes, qu'on ne rend point d'honneurs aux morts, qu'on ne rende pareillement aux vivans, juſqu'à égorger même des animaux en préſence de ceux qu'on invite à manger, & juſqu'à garder un jeûne tres-rigoureux pour eſtre en état de préſenter avec plus de reſpeꞔt les tritats à l'Empereur.

Quand je n'aurois rien de plus fort à dire là-deſſus à V. A. S. il ne vous ſeroit pas difficile, Monſeigneur, de découvrir la fin que les Chinois ſe ſont propoſée dans l'inſtitution de ces cérémonies. Vous n'auriez qu'à rappeler un moment dans vôtre eſprit leurs maximes & leur politique. Ils veulent inſpirer dans l'Empire l'amour des ſciences ; le moyen d'y parvenir, c'eſt d'honorer publiquement les Sçavans : ils veulent conſerver dans toutes les familles la paix, l'union, la dépendance ; ils croyent avec raiſon qu'ils n'en viendront jamais à bout, qu'en obligeant les enfans d'honorer parfaitement leurs peres, & d'en conſerver chérement la mémoire.

D'ailleurs la marque la plus eſſentielle
parmi

parmi eux de respect & de reconnoissance,
c'est de se prosterner, de brûler des parfums,
de faire des présens & des festins à ceux
qu'ils veulent honorer. C'est donc par un
sentiment d'affection, d'estime & de grati-
tude qu'ils pratiquent toutes ces cérémonies
à l'honneur de Confucius & de leurs Ancestres : cela est naturel dans leur systéme :
c'est une suite nécessaire de leur politique ;
& il ne faut point pour cela de religion, beaucoup moins de superstition & d'idolatrie.
Mais pour ne laisser aucun doute sur cette
matiére, je raporteray ici, Monseigneur, ce
que le premier & le plus ancien Cérémonial
de la Chine nous en a dit ; c'est parmi les
Chinois un Livre de grande autorité, contre
lequel ni les coûtumes, ni les sentimens des
nouveaux Philosophes ne peuvent jamais
rien prescrire.

Dans ce Livre 1 il est dit que *l'homme
mort n'est plus capable d'aucune fonction dans le
monde ; mais que ceux qui lui survivent, lui
font pour conserver sa mémoire, comme un festin
d'adieu, avant qu'on l'enterre ; quand il est en-
terré, on lui offre encore d'autres présens : mais
ceux qui en usent de la sorte, n'ont jamais vû
revenir le mort pour manger ce qu'on lui offre.
Cependant on n'a pas pour cela interrompu cet*

____

1 Lyky Cap. tum kum.

uſage ; on fait toûjours les feſtins ordinaires qui ſont inſtituez, afin de ne pas perdre le ſouvenir des morts.

Les Interprétes expliquent ainſi ces paroles, *qui a jamais vû venir les morts pour manger.* Le Doĉteur *Chimho* qui vivoit ſous le Régne de *Sim Chao*, dit entr'autres choſes : On ne fait cette offrande, que pour marquer à celui dont on tire ſon origine, du reſpeĉt & de la reconnoiſſance ; & c'eſt-là la fin que ſe ſont propoſé les Empereurs en établiſſant cette cérémonie.

Dans le même endroit l'Auteur dit expreſſément, qu'*on pratique la cérémonie du* C I (c'eſt celle que nos adverſaires appellent un véritable Sacrifice) *pour remplir ces devoirs; car il ne faut pas croire que les morts prennent plaiſir à ce qu'on fait pour eux, on n'en uſe ainſi que pour les honorer.* Les Interprétes répétent ſouvent la même choſe.

Voila encore quelque choſe de plus fort dans un autre Chapitre du même Livre : l'Auteur parle ainſi : *On a établi la cérémonie du* C I, *afin que les enfans conſervaſſent dans leurs cœurs l'amour qu'ils avoient pour leurs peres.* Et aprés avoir expliqué la maniére dont il faut s'aquiter de ce devoir, il ajoûte, que *de cette ſorte on ne peut manquer d'en retirer de grands avantages ; à ſçavoir la paix, l'union,* ûne bonne réputation : car ces assemblées de parens, d'amis, entretiennent l'amitié dans les familles, elles servent même à les augmenter.

Mais pour faire connoître à tout le monde que les morts ne contribuent en rien à procurer aux vivans ces avantages ; l'Auteur ajoûte qu'il ne faut rien leur demander, mais marquer seulement par là *l'affection qu'on leur porte.* Je ne finirois point, Monseigneur, si je voulois vous rapporter tout ce que les Anciens ont dit sur cette matiére pour instruire la postérité de leurs véritables sentimens.

Ce que les Chinois font à l'égard de Confucius, est à peu prés dans le même esprit. Pour en estre convaincu, il suffit de lire l'Edit de l'Empereur *Yum lo.* Ce Prince étant sur le point d'aller en cérémonie au Palais de ce Philosophe, déclara par un Edit public à tout l'Empire les raisons qu'il avoit de l'honorer : Voici donc comme il s'explique: *Je revére Confucius le maître des Empereurs & des Roys. Les Empereurs & les Loix commandent aux peuples ; mais Confucius les gouverne & les instruit : il leur enseigne les devoirs réciproques qui lient entr'eux les Souverains & les Sujets, les peres & les enfans, le mari & la femme: il nous apprend outre cela la pratique des*

cinq principales vertus qui sont, la piété, la jus-
tice, la prudence, la fidélité, la politesse : c'est
de lui que nous tenons le grand art de régner ; tous
les siécles lui seront obligez de ces connoissances.
Il est donc à propos que je me rende en personne
au grand Collége de ce Philosophe, & que j'offre
des présens à mon Maître qui est décédé, à
dessein & avec intention de marquer l'estime que
je fais des sciences, & l'honneur que je rends aux
gens de lettres.

Voila, Monseigneur, jusqu'où ce Prince
a porté la superstition. N'est-il pas bien coupable de marcher ainsi sur les traces de ses
Ancestres, & de rendre à leur exemple sa
nation plus sçavante, plus polie, plus portée
à la reconnoissance ? S'il pense que Confucius
soit un Dieu, que n'ajoûte-t-il ce titre d'honneur parmi tant d'autres qu'il lui donne ?
s'il espére quelque chose de sa protection,
que ne lui demande-t-il des graces ? Mais il
est bien éloigné d'avoir ces sentimens. Confucius, dit-il, est le maître des Roys, parce
qu'il leur enseigne l'art de régner : c'est le
Prince des Philosophes, parce qu'il a mieux
expliqué que personne les devoirs de la vie
civile. A la vétité l'on ne doit plus rien lui
demander ; ce seroit superstition : mais il
ne faut pas pour cela en perdre le souvenir;
ce seroit ingratitude,

Pourquoy donc aprés cela, Monſeigneur, s'étonner des honneurs qu'on lui rend aprés ſa mort ? Les Edits publics, les Cérémoniaux, toute la Chine nous le répéte en mille endroits. C'eſt premiérement par reconnoiſſance ; un mérite auſſi éclatant que le ſien ne devoit pas eſtre oublié. Secondement c'eſt par politique ; il falloit par là réveiller l'émulation parmi les Sçavans, & inſpirer aux peuples de l'amour & de la vénération pour les ſciences.

C'eſt là, Monſeigneur, tout le myſtére des cérémonies chinoiſes. Entrez dans le Sanctuaire ſans prévention, vous n'y trouverez ni Preſtres, ni Idoles, ni Autel, ni Sacrifice ; vous y verrez ſeulement des enfans affligez qui rendent les derniers devoirs à leurs peres, & des diſciples reconnoiſſans qui honorent la mémoire de leur Maiſtre.

Ces raiſons & pluſieurs autres que je ne puis renfermer en cette lettre, paroiſſent à quelques-uns ſi cóvaincantes, qu'ils avoüent de bonne foy qu'on pourroit recevoir ces cérémonies, ſi les Chinois s'étóient renfermez dans les bornes de leur premiére inſtitution ; mais que depuis on y a ajoûté tant de ſuperſtitions, & que l'eſprit du peuple eſt ſi corrompu par la fauſſe Religion des Bonzes, qu'un Chrétien ne peut à-préſent les pratiquer , fans s'expofer à commettre une idolatrie.

Voila ce me femble le dernier retranchement de nos adverfaires : les cérémonies de la Chine font bonnes dans le fond, mais elles font mauvaifes dans leurs circonftances : l'intention de ceux qui les ont inftituées, étoit loüable ; mais l'intention de ceux qui les pratiquent à-préfent , eft corrompuë. Voyons ce qu'il y a de vray dans ces deux propofitions.

Quel eft le fond de ces cérémonies de la Chine ; on fe profterne devant le nom de Confucius , devant le nom & le tombeau de fes Anceftres ; on y offre des viandes & des légumes ; on y brûle des parfums ; on reconnoift qu'on doit du refpeƌ pour l'un , & de la reconnoiffance pour les autres ; cela s'eft pratiqué de tout temps ; c'eft là l'effentiel , c'eft le fond des cérémonies ; cela eft donc bon & loüable. Que voulons-nous davantage ; nous n'en demandons pas même tant ; & nous-nous retranchons à ce qui eft indifpenfablement attaché aux fonƌions des Charges publiques , & aux devoirs de la vie civile.

Avons-nous jamais approuvé par exemple, qu'on brulaft fur les tombeaux des papiers dorez & argentez ? nous fcavons bien que c'est une superstition de Bonzes qui croyent par là pouvoir enrichir les morts ; avons-nous même permis qu'on répandist du vin sur le cercüeil, qu'on elevast en l'air les viandes avec des paroles qui semblent marquer un Sacrifice, qu'on éprouvast la bonté des animaux en leur versant de l'eau ou du vin dans l'oreille, qu'on portast trop loin les loüanges de Confucius dans les éloges qu'on en fait ? nous sçavons bien que la pluspart de ces circonstances, quoy qu'indifferentes en elles mêmes, ont je ne sçai quoy de choquant, sur tout pour les Europeans qui n'en connoissent pas d'abord les véritables raisons.

Ainsi de tous les honneurs décernez par les Loix à Confucius, nous ne tolérons que ceux qui luy sont rendus par les Bacheliers, & qui consistent uniquement à se prosterner devant son nom : mais nous défendons les cérémonies du Printemps & de l'Automne, où l'on offre des viandes, des légumes avec un appareil & une solemnité qui pourroit peut-être scandaliser les foibles, suivant en cela le Conseil de l'Apôtre qui veut qu'on *s'abstienne de tout ce qui porte avec soy la moindre ombre & la plus légére image du mal ; ab omni specie mala abstinete vos.*

Que si nos adversaires prétendent qu'on

ne peut point ainsi séparer ce qui est bon ou indifferent d'avec ce qui est suspect ou mauvais, parce que la superstition est un venin qui empoisonne les plus saintes actions; certainement ils abusent de cét endroit de S. Paul, où nous lisons, *qu'un peu de levain aigrit & corrompt toute la masse*; & pour m'épargner ici la peine de leur rapporter ce que la Theologie la plus exacte nous enseigne là-dessus, il suffit de dire que la Sacrée Congrégation à décidé ce point par un Decret qui ne nous laisse aucun lieu d'en douter. *La Sacrée Congrégation a jugé qu'on pouvoit tolérer l'usage des nouveaux Chrétiens de la Chine, qui pratiquent ces cérémonies même avec les Idolâtres, en retranchant néanmoins ce qui s'y trouve de superstitieux.*

Il n'est donc plus question que de sçavoir l'intention particuliére des Chinois qui pratiquent à-présent ces cérémonies; c'est, Monseigneur, ce que nous pouvons aisément découvrir en trois maniéres. 1° Si les termes dont on use en ces occasions expriment des sentimens d'idolâtrie. 2° Si la Religion du payis a des principes qui supposent ou qui prouvent que Confucius est un Idole, & que les morts sont des Divinitez. 3° Si les plus sçavans interrogez sur cét article, répondent conformément à l'opinion

de

de nos adversaires : car alors il faudroit
avoüer que les nouveaux Chinois se sont
égarez en abandonnant les routes que les
anciens Législateurs leur avoient tracées ;
& ce seroit à nous à les remettre dans le
bon chemin , & à les ramener à la pureté
de leur premiére origine, avant que de permettre aux Chrêtiens de suivre leur exemple. Mais il me paroîst que tout est favora-
ble aux sentimens des Jésuites.

Car premiérement les Mandarins qui sont
employez le jour de la cérémonie de Confucius, & les enfans qui rendent les derniers
devoirs à leurs Peres , ne s'appellent ni Prê-
tres ni Pontifes ; ils ne portent aucun nom
particulier qui ait tant soit peu de raport à
la Religion ; leurs habits sont les habits com-
muns de la nation ; la table sur laquelle on
dispose des viandes , n'est en rien differente des tables qui servent dans les repas ordinaires , elle s'appelle table , & non pas Autel.

Secondement on ne donne aucun titre à
Confucius qui lui soit commun avec les Idoles , si ce n'est peut-être qu'on s'imagine que
les Chinois le traittent de Saint, parce qu'ils
lui donnent le nom de *Xim* dont nous-nous
servons nous-mêmes pour exprimer la sainteté des Bienheureux. Comme les Chinois

G

n'ont pas tous les mots qui nous seroient nécessaires pour exprimer parfaitement nos Mystéres ; il a bien fallu se contenter souvent des termes généraux : ainsi quoy que *Xim* en soy-même ne signifie que *perfection morale*, que *sublimité de génie*, que *sagesse consommée* ; (car c'est ainsi que les Interpretes l'entendent) nous avons cru que dans la disette où nous étions, il falloit consacrer ce terme en faveur de la Religion, & expliquer ensuite aux Chrétiens toute l'étenduë que nous lui donnions : mais quand les Chinois l'appliquent à leurs Philosophes & aux Empereurs, ils ne le prennent jamais que dans le sens ordinaire du payis ; Confucius est sage, prudent, élevé au dessus des autres hommes par son esprit, par son mérite. Voilà tout ce que les Chinois prétendent.

Troisiémement dans les éloges du Philosophe on ne lui attribuë rien qui soit au-dessus de l'homme, quoy que les Chinois poussent la métaphore & les figures de Rétorique beaucoup plus loin que nous. Il est vray que le Pere Navarette ennemi déclaré de Confucius & des morts, & qui souvent même n'épargne pas assez les vivans, raporte certains endroits de leurs panegyriques, qui à son avis renferment beaucoup de superstitions. En voici un trait ; & vous jugerez,

Monseigneur, si l'on ne peut pas en conscience parler ainsi d'une pure créature.

Vos vertus, (c'est un Docteur qui fait sa harangue le jour de la cérémonie) *vos qualitez sont grandes, ô Confucius: si les Roys gouvernent sagement leurs Sujets, c'est à la faveur de vôtre doctrine, ils vous en sont redevables. Depuis que les hommes vivent sur la terre, en a-t-on vû de plus grand que vous: c'est pour cela que nous vous avons présenté avec respect & affection ces légumes & ces viandes: chaque chose a été placée en son lieu selon la coûtume: nos esprits sont dans la joye: au moment que nous vous faisons ce présent, nous souhaittons que tout nous prospére, &c.*

Je ne sçay, Monseigneur, si ce Docteur vous a scandalisé. Pour moy, je le trouve fort moderé pour un Chinois; peut-estre l'est-on moins que lui, quand pour si peu de chose on le condamne d'idolatrie.

Je connois des Missionnaires d'un Royaume tres-Catholique, qui n'ont pas craint l'inquisition, quoy qu'ils se soient expliquez d'une maniére bien plus forte. * L'un d'eux dans un Livre qu'il a composé en Langue chinoise, parle de la maniére suivante: *N'est-ce pas le sentiment de Confucius, qu'il faut faire des Sacrifices aux morts? Certainement les six*

G 2

---

* Xan Dominiquain Espagnol.

Livres classiques sont conformes à la Loy natu-
relle. Le Ciel a choisi Confucius pour servir de
cresselle 1 *dans le monde.* (c'est-à-dire, selon
le sens des Chinois, pour assembler les peuples, & leur enseigner la vertu) *Le Ciel l'a*
envoyé sur la terre comme son Ambassadeur, pour
exciter les sourds & les aveugles. Mais depuis
ce temps-là Dieu s'est revêtu de la nature hu-
maine ; il a établi par lui-même le grand Sacri-
fice. Quand le Soleil se léve, n'est-il pas inutile
de se servir d'un flambeau de paille ?

Un autre Auteur de la même nation &
du même Ordre explique la force de la grace
de cette maniére : JESUS-CHRIST *est*
Dieu, & je ne suis qu'un homme ; comment pour-
rai-je l'imiter ? Si Dieu nous donne sa grace &
son ayde, cela ne sera pas difficile. Par exemple :
Confucius a été sans doute dés sa naissance un
homme sage & un vray saint : comment a-t-il pû
le devenir ? Quand Dieu donne la véritable
science & un esprit pénétrant, si d'ailleurs la vo-
lonté ne manque pas ; alors on peut s'élever, &
imiter JESUS-CHRIST.

2 Un troisiéme Missionnaire dans un
Livre qu'il intitule , *La conformité de la Loy*

1 C'étoit la coûtume des Mandarins de se servir d'une cresselle de bois dans les ruës pour assembler le peuple , & lui faire des discours sur les
vertus morales.
2 Un Franciscain.

Chrétienne, & de la Loy des Sçavans de la Chine, donne non seulement à Confucius la qualité de *Saint*, mais il ajoûte encore ces paroles : *Le Ciel l'a choisi pour présider à la véritable doctrine ; c'est par le commandement du Ciel qu'il l'a annoncée aux hommes.*

Tous ces endroits peuvent assurément justifier les excés des Docteurs Chinois : je crains même qu'ils ne les justifient trop ; & je ne voudrois pas pour l'honneur de la cause que je deffends, qu'un Mandarin, beaucoup moins un Jésuite, se fust expliqué de la sorte ; encore ces paroles seroient-elles en quelque manière suportables dans la bouche d'un Jésuite, parce que les termes chinois *tei Xim*, dont on se sert, ne signifient selon nous, ni Sainteté, ni Sacrifice. Mais pour ces Peres qui soûtiennent de toute leur force que *Xim* veut dire *Saint d'une Sainteté surnaturelle*, que *tei* se doit rendre en nôtre Langue par le mot de *Sacrifice véritable* ; je ne sçay comment ils ont pû dire dans un Livre dogmatique, que *Confucius est un vray saint*, & *qu'offrir aux morts de véritables Sacrifices, est une action tres-conforme à la Loy naturelle..*

Au reste je suis bien éloigné de croire que d'habiles Théologiens comme eux, de fervens Religieux, des Missionnaires zélez, des

Apôtres qui ont traversé les mers pour convertir les Idolatres, soient tombez dans une erreur si grossiére & si éloignée de la pureté de nôtre Foy ; je me persuade même que s'ils étoient encore en vie, ils nous donneroient là-dessus des éclaircissemens que nous avons bien de la peine à trouver.

Peut-estre aussi qu'en relisant une seconde fois les loüanges qu'ils donnent à Confucius, ils s'apercevroient que sans y penser, ils ont fait de ce Philosophe un véritable Précurseur du Messie. Confucius, disent-ils, est une *Cresselle*, c'est-à-dire, la voix qui crie, non pas à la vérité dans le desert, mais ce qui est encore plus, *dans les places publiques ; c'est l'Ambassadeur du Ciel ; c'est celui qui a parlé aux sourds, qui a éclairé les aveugles, qui par un ordre venu d'en haut a annoncé la véritable doctrine ; enfin c'est cette premiére lumiére qui a précédé le lever du Soleil.*

Si je n'avois pas nommé Confucius, qui ne croiroit que je parle de Jean-Baptiste ? si ce n'est que j'en dis encore un peu trop ; car *Jean n'étoit pas la lumiére ; mais* J E S U S - C H R I S T *étoit la lumiére véritable qui éclaire tous les hommes.* Aprés cela faut-il s'étonner qu'un Docteur de la Chine cité par le P.

1 Non erat ille lux. Erat lux vera quæ illuminat omnem hominem...

Ioan. 1.

Navarette, s'écrie dans le Panégirique de Confucius, *parmi les hommes en a-t-on vû de plus grand que vous ?* Cela s'accorde parfaitement avec ce qu'ont dit les Missionnaires, dont je viens de parler, *non surrexit major ;* & je m'étonne que dans le dessein qu'ils ont eu de donner une grande idée de ce Prince des Philosophes, ce dernier mot ait échappé à leur érudition & à leur éloquence.

Cependant ce sont-là des loüanges que j'aurois voulu retrancher, de crainte que les nouveaux Chrétiens peu instruits de nos Myftéres, ne confondissent leurs Sages avec nos Saints, & ne prissent à la lettre ce qui ne peut estre qu'une métaphore tres éloignée de l'éxacte vérité. Mais enfin ce n'est pas ici le lieu d'en faire une critique ; & il me suffit de justifier en quelque maniére les Chinois, qui parlent toûjours de Confucius comme du plus grand homme du monde, quoy qu'ils n'en aient jamais parlé comme d'une Divinité.

Pour revenir, Monseigneur, à certains termes dont on use dans ces cérémonies, je dis quatriémement que le vin qu'on offre aux assistans, se nomme alors *fot siou*, *vin qui porte bonheur ;* nos adversaires l'expliquent de la sorte. Ce n'est pas qu'on s'imagine à la Chine devenir plus heureux pour avoir bu

du vin qui a servi au festin de Confucius,
les Chinois veulent seulement par là témoi-
gner leur joye commune ; à-peu-prés comme nous le pratiquons nous-mêmes en certaines actions publiques , que nous commen-
çons par ces paroles : *Quod felix , faustum ,
fortunatumque sit , &c.* cette explication n'est
pas forcée , elle est tres-naturelle & tres-conforme à l'usage du payis. Pour en estre persuadé , il ne faut que faire réflexion à ce qui
se fait pour honorer un Vice-Roy le jour de
sa naissance.

Les gens les plus distinguez de la ville
s'assemblent , & vont en corps le saluer dans
son Palais : outre les présens ordinaires dónt
ils accompagnent leur visite , ils portent avec
eux une longue boëte de verni , ornée de
fleurs d'or , & divisée dans le fond de huit
petits compartimens qu'on a rempli de huit
sortes de confitures : dés qu'ils sont arrivez à
la salle où se doit faire la cérémonie , ils se
rangent tous sur une ligne , ils s'inclinent
profondément , ils se mettent à genoux , &
courbent la teste jusqu'à terre , à-moins que
le Mandarin ne les releve.

Alors le plus considérable d'entr'eux prend
du vin dans une coupe , l'éleve en l'air avec
les deux mains , l'offre au Vice-Roy , & dit
tout haut : *Voila le vin qui porte bonheur , voila*
le

(57)

le vin qui donne une longue vie. Un moment
aprés un autre s'avance, & levant en l'air
des confitures qu'il préfente avec refpe&:
voila, dit-il, *du fucre de longue vie*: d'autres
encore jufqu'à trois fois répétent ces mêmes
cérémonies, & font toûjours les mêmes
fouhaits.

Il n'y a là affurément ni fuperftition, ni
Sacrifice ; c'eft une pure civilité, que la Loy,
que la coûtume autorife pour honorer les
hommes. Si Confucius vivoit aujourd'hui,
on lui feroit les mêmes honneurs : mais à-
préfent qu'il eft mort, je puis ajoûter que
s'il étoit au nombre des Idoles, les Sçavans
de la Chine n'en voudroient pas même conferver le fouvenir.

Au refte ceux qui entendent toutes les
fineffes de la Langue, expliquent ces paroles *fot-fiou* qui font tant de peine aux nouveaux Miffionnaires, d'une maniére bien
differente : ce n'eft point felon eux, & felon
le vray fens des anciens Interpretes, *un vin
qui porte bonheur,* c'eft feulement *un vin pré-
paré felon la coûtume, & felon l'ordre des cérémonies.*

Je crains bien, Monfeigneur, de vous
fatiguer par toutes ces petites réflexions :
mais fi elles ne font pas tout-à-fait néceffai-
res pour juftifier les Chinois dans vôtre ef-

H

prit ; elles feront au moins de quelque uti-
lité pour vous en faire connoître le génie.
Voici quelque chofe de plus effentiel. Les
Chinois difent fouvent *tei*, & *miao*, pour
exprimer les honneurs qu'on rend à Confucius, & le lieu deftiné à ces cérémonies.

Ceux qui s'arreftent à l'écorce des chofes, & qui ne veulent jamais pénétrer le
véritable fens des caractéres de la Chine, fe
récrient fouvent fur ces deux mots, qui felon eux fignifient *Temples & Sacrifices*, &
que je rends en nôtre Langue par ces deux
autres, *falle & feftin*, ou *Palais & préfent*.
Les Chinois, difent-ils, appellent eux-mêmes le Palais de Confucius, un Temple ; ils
donnent à ces cérémonies le nom de Sacrifice ; Confucius eft donc à la Chine regardé
comme une idole.

Mais ces Miffionnaires fi éclairez d'ailleurs, ne veulent jamais comprendre que
ce font-là des termes généraux, qui s'appliquent indifferemment à plufieurs chofes.
Seroit-ce parler jufte que de dire qu'un ver-
re eft un vafe facré, parce qu'en Latin nous
l'appellons *calix*, auffi-bien que le vafe que
nous employons au Sacrifice de la Meffe ; &
qu'un manteau doit paffer auffi-bien qu'une
chappe, pour un habit deftiné aux cérémonies de l'Eglife, parce que l'un & l'autre eft

parmi nous un vêtement. Voici donc ce qu'il faut penser là-dessus.

Tsi parmi les Chinois est quelquefois un Sacrifice & quelquefois un simple présent. En voici la démonstration toute entiére, à laquelle il n'y a point de replique : Cette lettre, ce caractére, dit le fameux *Li Ky*, Cérémonial de la Chine, *signifie l'honneur qu'on rend à quelqu'un, quand on lui fait un présent : il faut commencer à goûter aux viandes, & finir par boire tant soit peu de vin. Cét appareil dans les festins n'est pas pour boire & pour manger ; mais pour nourrir en quelque maniere l'affection réciproque des hommes : ceux qui invitent ainsi leurs amis, font connoître par là qu'ils comptent pour rien la dépense, quand il s'agit de leur faire plaisir : le peuple s'acoûtume aussi par là à estimer les devoirs de la vie civile. Ces exemples les portent à se prévenir les uns les autres, à se donner des marques mutuelles de respect, & à éviter toute contestation dans les familles.* Voila le vray sens qu'on doit donner à ces paroles : s'agit-il là de Sacrifice & de religion ?

Et certes il n'est rien de plus ordinaire que l'usage de ce terme dans les cérémonies les plus profanes. On s'en sert dans les présens solemnels, dans les festins qui se font à l'arrivée d'un nouvel hôte, à la reception des Mandarins , dans les Mariages , & en mille autres occasions differentes ; & je ne comprends pas qu'on puisse aprés cela conclure que le *Tei* des Chinois marque nécessairement une action religieuse , & un véritable Sacrifice.

Ce qu'ils disent de *Miao* n'est pas assurément plus soutenable ; on en use il est vrai pour exprimer les Temples des Idoles : c'est encore le nom qu'on donne souvent au Palais de Confucius : je ne dois pas en disconvenir ; mais je dois aussi ajoûter que ce nom est commun à un grand nombre d'autres édifices qui n'ont aucun rapport aux Temples des Idoles. Par exemple , la face du Palais Impérial , certains appartemens destinez aux divertissemens du Prince , les Salles d'Audience de quelques Mandarins , se nomment de la même maniére. Enfin je puis décider cette question en deux mots : le Palais de Confucius s'appelloit *Miao* avant qu'il y eût aucune idolatrie à la Chine , les Sçavans ne l'ont donc pas pris des Bonzes , pour rendre par là leur Maistre plus respectable ; les Bonzes au-contraire l'ont emprunté des Sçavant , afin que ce terme d'honneur leur donnast un peu plus de considération dans le monde ; ils en ont abusé en faveur de leurs Idoles : mais cét abus n'en a jamais ôté la

(61)

poſſeſſion aux gens de Lettres, qui peuvent ſans danger & ſans ſcandale s'en ſervir pour honnorer leurs Philoſophes.

Ils ne s'en ſervent pourtant pas toûjours ; car les Docteurs & les Bacheliers appellent ordinairement la Salle Royalle *Puon coum*, & dans les Edits Imperiaux· on la nomme la Salle de Sageſſe & de Perfection ; ¹ *le grand Collége* ² *le Collége de l'Empire*. ³

Comme ce point eſt de la derniére conſequence, j'ajoûteray encore, Monſeigneur, un paſſage de l'Interpréte qui examine ces cérémonies. Quelques Officiers avoient au-trefois fait conſtruire des portes dans le Palais de Confucius en forme de jalouſies, ſemblables à celles dont on uſoit dans les Temples *des Eſprits* : l'Auteur dont je parle les reprend en ces termes : *Confucius*, dit-il, *n'eſt qu'un homme mort, on lui fait des préſens dans la Salle ordinaire ; mais il n'y faut pas faire les ouvrages qu'on fait dans le Temple des Eſprits ; le comparer aux Eſprits du Ciel & de la Terre ; c'eſt une choſe fort contraire aux Ordonnances des Empereurs.*

Comment aprés tous ces témoignages peut-on confondre le Palais de Confucius avec les Temples des Faux-Dieux ? Certainement ſi ceux qui parlent de la ſorte,

H 3

¹ ta chim tien. ² ta hyo. ³ guoye yo.

étoient accufez à Pékin au fuprème Tribunal des Rites ; je ne doute point qu'ils ne
fuffent févérement châtiez, & qu'aprés une
punition exemplaire, on ne leur fift ces mêmes reproches que l'Empereur nous fit il y
a quelques années en une occafion à-peu-
prés femblable : *Vous nous condamnez impru-
demment, parce que vous étes peu verfez dans
nos fciences ; vous ne confultez que le peuple ignorant, dont vous étes environnez : N'eft-ce pas
moy qui fuis l'Interprete des Livres anciens ?
pourquoy cherchez vous ailleurs des éclairciffemens inutiles ?*

Que diroit ce grand Prince, Monfeigneur, s'il apprenoit que par de femblables
équivoques on le fait lui-même paffer pour
un idolatre ?

Il y a quelques années qu'il nous en-
voya ces paroles écrites de fa main, *Kin-
tien*, qui felon fa penfée, & felon le vray
fens de ces caractéres, fignifient, *Revérez le
Seigneur du Ciel*. C'étoit non feulement un
honneur que ce Prince rendoit par là à nôtre
Religion, mais encore une marque de fa
protection pour tous ceux qui l'embraffoient.
Nous fimes écrire ces paroles en lettres d'or
dans un magnifique cartouche qui fut ex-
pofé à Pékin dans nôtre Eglife, & fur le
frontifpice de nôtre Maifon. Les Miffion-

ñaires des autres Ordres en usérent ainsi dans les autres Provinces ; & ça été depuis pour eux une espéce de sauvegarde, qui les a souvent mis à couvert des Idolatres.

Depuis quelque temps Mr. Maigrot s'est persuadé que les Missionnaires cômettoient en cela une idolatrie, parce que *Tien* est un terme équivoque qui signifie quelquefois le Ciel matériel ; sans prendre garde que ceux qui sont les plus opposez aux Jésuites, s'en servent dans leurs Livres pour exprimer le Dieu des Chrétiens.

S. Paul ne trouva qu'un mot parmi les Monumens des Athéniens, *Ignoto Deo, Au Dieu inconnu* ; il étoit gravé sur un Autel dans un Temple au milieu d'une foule d'Idoles. Bien-loin de le confondre par un vain scrupule avec les superstitions populaires, il le consacre à la Religion ; il y reconnoist, il y adore le doigt de Dieu ; il s'écrie dans l'Aréopage : *quod ergo ignorantes colitis, hoc ego annuncio vobis* : ce Dieu que vous honnorez sans le connoître, est ce Dieu même que je vous annonce. Si S. Paul assez puissant dans Athénes pour bâtir un Temple à Jesus-Christ, y eust transporté ce Monument ; s'il l'eust élevé sur les ruines de la Religion payenne ; serions-nous assez hardis pour le condamner, je ne dis pas d'idolatrie, mais même de témérité ? nous admirons cét Apôtre qui sanctifie la superstition des Payens ; comment oserons-nous rejetter le témoignage d'un grand Prince qui veut sanctifier le Nom du Seigneur ?

Cinquiémement parmi les reproches qu'on a fait aux Jésuites, celui qui regarde les Tableaux de Confucius & des morts, est à mon avis le plus injuste. Dans ces Tableaux on ne voit aucune figure humaine, mais seulement une planche de bois verni, où ces paroles sont écrites : *Lin hoei, Xin loei*, que nos adversaires traduisent ainsi : *Le Siége de l'esprit, le Trône de l'ame.* C'est en-effet, disent-ils, selon les Chinois le vray lieu où l'esprit réside, il vient s'y placer comme sur son trône ; quand on commence le Sacrifice, il y goûte les mets qui lui sont préparez, il y respire avec plaisir la fumée de l'encens, il y reçoit les adorations des peuples. Que d'idolatries, que de ridicules superstirions !

Peut-on rien dire de plus propre à réveiller contre nous le zéle des gens de bien ? Mais par bonheur ce sont-là des saillies d'une imagination échauffée, plûtoft qu'une image naturelle de ce qui se passe. Voici, Monseigneur, quelque chose de plus exact.

Dans les premiers siécles de la Monarchie

chie les Chinois, comme j'ay déja dit, ne
rendoient jamais les derniers devoirs à leurs
peres, qu'ils ne miffent en fa place un jeune
homme revêtu des habits du mort : c'eft lui
qui recevoit les préfens, qui goûtoit aux
viandes du feftin, qui recevoit les larmes de
la famille affligée. C'étoit encore la coûtume quand on alloit en cérémonie au lieu de
la fepulture, de joindre au cercueil une figure de jonc ou de paille, qui reprefentoït
la perfonne qu'on devoit enterrer.

On changea dans la fuite ; & pour conferver la mémoire de fes Ancêtres, l'on fe
contenta de placer au lieu du jeune homme
ou de la figure de paille, un Tableau d'une
grandeur médiocre, où le nom du mort
étoit écrit. C'eft ce Tableau qui fert à-préfent dans les cérémonies ordinaires ; & les
Chinois le regardent comme une Image
groffiére de celui qu'ils veulent honorer :
mais quelques nouveaux Miffionnaires en
font communément une Idole.

Pour moy je me perfuade aifément que
dans cette foule d'idolatres qui inonde toute
la Chine, & qui donne chaque jour dans de
nouvelles erreurs par l'ignorance, la bizare-
rie & l'avarice des Bonzes, plufieurs d'entr'eux s'imaginent que les morts viennent
en perfonne affifter à leurs cérémonies. Car

I

de quoy le peuple n'est il pas capable en matiére de Religion, non seulement parmi des
Infidéles, mais encore parmi les Chrétiens?

Certainement si pour juger de la créance
Catholique on s'arrêtoit a ce qui se passe
tous les jours dans nos Eglises, il faudroit
croire avec les herétiques, que le culte des
Images est non seulement une superstition,
mais encore une véritable idolatrie. Ce n'est
pas de l'ignorance populaire que dépend la
pureté de nôtre sainte Foy : il faut pour la
connoître aller puiser dans la source des saintes Ecritures, consulter la Tradition, & s'en
tenir aux sentimens des plus sages. De même aussi, si nous voulons pénétrer dans les
mystéres de la Politique, & démêler le vray
sens de leurs ceremonies ; il est nécessaire de
s'instruire, non seulement par la lecture des
Livres les plus anciens, les plus approuvez,
les plus suivis dans la pratique, mais encore
par le commerce & par le témoignage des
plus honnestes gens.

Or les Chinois disent en mille endroits
de leurs histoires, qu'*aprés cette vie l'esprit
fait un trop grand voyage pour revenir si facilement sur la terre : (c'est leur expression) que
l'ame s'éleve au Ciel ; que le corps se cache sous
la poussiére :* il ne reste donc rien de l'homme mort que sa mémoire dans le Tableau

que l'on conserve. En-effet ce n'est pas entrer dans la pensée des Auteurs Chinois, ni
entendre le vray sens de leurs caractéres,
que de rendre ces paroles, *Lin-hoei, Xin-
hoei,* par celles-ci, *le siege de l'esprit, le trône
de l'ame;* on n'a qu'à consulter les Cérémoniaux, leurs Interpretes, & les Dictionnai-
res pour en estre parfaitement convaincu ;
ces termes ne veulent dire autre chose, si ce
n'est que ce Tableau est *l'image & la repré-
sentation* de celui qui est mort

Et il faut bien que les Chinois l'entendent de cette maniére, s'ils ne veulent pas
se contredire eux-mêmes. Car enfin ceux
qui parmi les Sçavans sont attachez à l'ancienne Religion du payis, n'ont garde de
donner dans ces chiméres. Les autres dont
le nombre est beaucoup plus grand, qui pas-
sent au moins pour des Demi-Athées, &
qui assurent que l'homme meurt tout entier
avec le corps, ne font pas revenir son ame
du néant, pour la placer dans un Tableau
comme sur son trône. Ce peuple même (je
parle du peuple qui est instruit de sa Religion) ne peut raisonnablement croire que
l'ame des morts soit présente aux cérémonies ; puisque les Bonzes enseignent comme
une chose constante, que les pecheurs aprés
leur mort destendent dans l'enfer pour y

eſtre tourmentez ; & c'eſt pour les ſoulager
dans leurs peines, qu'ils demandent des au-
mônes, qu'ils prient, qu'ils jeûnent, qu'ils
font en apparence tant d'auſtéritez.

Où ſont donc ceux qui renferment ainſi
dans les Tableaux les ames de leurs Ancêtres?
on trouvera tout au plus quelques miſera-
bles Bonzes, qui pour enrichir leur Monaſ-
tére aux dépens du peuple, joüent tous les
jours un nouveau rôle, & débitent aux ſim-
ples, & aux femmes crédules, de nouvelles
maximes qui ſe combattent ſouvent elles-
mêmes, & qui ſelon eux ne ſont bonnes,
que parce qu'elles amuſent utilement la ca-
naille.

Aprés tout, ajoûtent les nouveaux Miſſionnaires, l'on ne peut diſconvenir que les
Chinois ne rendent à ces Tableaux les mêmes honneurs qu'ils rendoient à leurs peres.
Il eſt vray. Mais les Mandarins n'en uſent-
ils pas de la même maniere à l'égard de
l'Empereur, à la ſeule vûe de ſon Trône ils
ſe mettent à genoux, ils ſe courbent, ils ſe
proſternent neuf fois juſqu'à terre: eſt-ce le
Trône qu'ils adorent ? ou croyent-ils que
l'eſprit de ce Prince vient du fond de la
Tartarie où il eſt ſouvent à la chaſſe, pour ſe
placer dans ſon fauteüil, & pour y recevoir
les hommages de ſes Sujets?

En Europe même certains Religieux ont dans leur Chœur une place vuide uniquement deſtinée au Général de l'Ordre : ceux qui paſſent devant, lui font toûjours la reverence ; on lui offre même de l'encens durant l'Office. Cependant le Général n'eſt pas alors parmi ces Peres ; & l'on ne croit pas que ſon eſprit s'y trouve. Pourquoy donc faire un crime aux Chinois de ce qu'ils honorent les Tableaux, qui ſont comme les Images de leurs Anceſtres.

Il eſt donc certain, Monſeigneur, par tout ce que j'ay eu l'honneur de vous dire, que les termes dont on ſe ſert dans les cérémonies de Confucius, n'ont rien qui bleſſe la ſainteté du Chriſtianiſme : il eſt encore vray que nulle Religion de la Chine n'enſeigne, ni ne ſuppoſe que ce Philoſophe ſoit une Idole ; & nous aurions tort de le ſuppoſer nous-mêmes, juſqu'à ce que ſes diſciples, c'eſt-à-dire les gens de Lettres nous déclarent que c'eſt leur ſentiment. Ce ſeroit ſans doute le vray parti qu'il y auroit à prendre, ſi l'on cherchoit ſincérement la vérité : mais ceux qui ſe défient un peu de la bonté de leur cauſe, n'aiment pas des expédiens ſi faciles.

Pour nous qui depuis long temps avons jugé néceſſaire de nous éclaircir ſur ce point,

I 3

ñous pouvons alleguer en nôtre faveur des témoignages, contre lesquels il n'est pas permis de s'inscrire en faux. L'Empereur qui vaut lui seul une Université toute entiére, s'est expliqué clairement en deux occasions.

Dans la premiére, comme j'ay déja dit, il nous fit des reproches de ce que nous condamnions beaucoup de cérémonies trop légérement, confondant mal à propos les sentimens des Docteurs avec les opinions ridicules du menu peuple, qui ne sçavoit luimême ni sa Religion, ni la Religion de l'Etat.

Une autre fois qu'il étoit entouré d'une grosse Cour, où les Missionnaires de Pékin se trouvérent, quoy que fort éloignez de sa personne, on parla differemment des Docteurs Europeans, au sujet de Confucius : les uns dirent que nous deffendions aux Chrétiens de l'honorer ; les autres au-contraire assurerent que nous en parlions toûjours avec estime. L'Empereur pour s'en éclaircir fit demander à ces Peres ce qu'ils pensoient du Philosophe ; comme nous-nous sommes fait une loy d'en parler toûjours sobrement, de crainte que les Chinois n'abusent de nôtre témoignage, on répondit avec tant de reserve, que ce Prince en parut étonné ; il s'en facha même, & marqua par un air ſévére qu'il n'étoit pas content : cependant comme il nous honore de ſa bienveillance, & qu'il veut perſuader à tout le monde que nous la méritons, il revint un moment aprés, dans la penſée que nous-nous étions peut-eſtre mal expliquez. Il voulut donc ſçavoir clairement ce que nous enſeignions ſur ce point à ſes Sujets convertis. Alors les Peres déclarérent que Confucius avoit eu durant ſa vie beaucoup de probité & de juſtice ; que ſes maximes paroiſſent excélentes pour la reformation des mœurs, & pour le gouvernement des peuples ; que tous les Sçavans doivent l'honorer comme leur Maître, & qu'il étoit ſans contredit le premier Docteur de l'Empire ; mais qu'il falloit toûjours le regarder comme un homme, de crainte de déplaire au Souverain Seigneur du Ciel, ſi on le confondoit avec les Eſprits, ou de le dégrader lui-même ſi on le mettoit au rang des Idoles. Toute la Cour applaudit à cette réponſe, & l'Empereur en marqua de la joye.

Outre ce témoignage, nous pouvons encore produire celui d'une aſſemblée entiére de Docteurs. On étoit ſur le point dans une Ville conſidérable de commencer les cérémonies ordinaires de Confucius, quand un Chrétien conſcientieux voulut pour n'avoir rien à se reprocher sur ce point, faire une profession publique de sa foy : les Docteurs étonnez de cette nouveauté se prirent à rire; & l'un d'entr'eux se tournant de son côté, lui dit en raillant, C'est donc ainsi que vous entendez nos Loix & nos Coûtumes; nous prenez-vous pour des Bonzes, ou pour des ignorans ; nous sçavons tous que Confucius n'est qu'un homme ; les Sçavans en ont fait leur Maître, & non pas leur Divinité.

Enfin, Monseigneur, je puis assurer V. A. S. que depuis plus de cent ans les Jésuites ont consulté les plus habiles gens de l'Empire, des Ministres d'Etat, des Gouverneurs de Provinces, des Vice-Roys, des Docteurs célebres, dont la pluspart étoient Chrétiens, & par conséquent plus capables que les autres de distinguer le culte civil d'avec le culte religieux. Mais plus ils ont approfondi ces matiéres, & plus ils ont jugé qu'il étoit nécessaire de s'en tenir à leurs premieres décisions.

Au reste si quelques Missionnaires des autres Ordres ont été d'un sentiment opposé, les plus sçavans Dominicains se sont joints à nous contre leurs propres freres ; & deux de leurs Provinciaux aprés avoir fait examiner ces questions, ont ordonné à tous leurs Sujets de se conformer à nos usages.

Gré-

Grégoire Lopez Chinois de Nation, elevé par le Pere de S. François, Religieux de S. Dominique, Evêque & Vicaire Apostolique dans la Chine a plusieurs fois écrit pour deffendre nos opinions ; je puis dire même qu'il en est en quelque sorte le Martyr : on peut voir dans sa Lettre ı à la sacrée Congrégation ce qu'il a souffert à Manille pour les avoir trop vivement soutenuës.

Mais ce qui doit persuader toute la terre que nous marchons dans la bonne voye, c'est que Rome même aprés avoir écouté les deux parties s'est enfin déclarée en nôtre faveur. Voici comme la chose s'est passée.

Les Jésuites travailloient depuis plus de cinquante ans à la Chine avec un succés qui étonnoit également l'Europe & l'Asie, quãd les Peres Jean-Baptiste de Morales, Dominicain, & Antoine de Ste. Marie, de l'Ordre de S. François, tous deux Espagnols, crûrent être obligez en conscience de troubler la paix de cette florissante Mission. Consommez, à ce qui leur sembloit, dans les sciences & dans la connoissance de la Langue du payis, car ils étoient à la Chine depuis trois ou quatre ans, ils comptérent pour rien ce grand nombre de Missionnaires qui avoient blanchi dans les travaux & dans l'étude des caractéres Chinois : com-

me ils n'étoient pas contens des Jésuites
Portugais, (les Dominicains Espagnols ne
sont pas toûjours disposez à s'en accommo-
der) ils se firent d'abord un scrupule de
marcher sur leurs traces ; ils écrivirent ensuite dans la Chine & à Manille, qu'ils
avoient vû *l'abomination de la desolation dans
le lieu saint* ; que le Christianisme étoit pro-
fané par la superstition ; & que les Ministres
même de JESUS-CHRIST deffendoient
l'Idolatrie, au-lieu de la combattre.

Les Evêques de Manille animez de zéle,
s'en plaignirent aussi-tost à nôtre S. Pere le
Pape Urbain VIII. & accusérent vivement
les Jésuites d'introduire à la Chine des pratiques contraires aux usages de l'Eglise, aux
bonnes mœurs, & à la pureté de la Foy ;
mais ils s'en repentirent bien-tost aprés ; &
dés qu'ils furent instruits de la vérité, ils se
retractérent par une seconde lettre, plus
forte encore, & plus édifiante que la premiére ; ils avoüérent qu'ils s'étoient laissez
surprendre par des rélations peu sincéres ;
que comme il étoit du devoir d'un Evêque
d'attaquer l'erreur, il étoit aussi de la justice
de reconnoître l'innocence, & de condamner la calomnie : Nous sommes, disent-ils,
obligez en conscience de justifier les Peres
de la Société contre de si injustes accusa-

tions, & de deffendre de tout nôtre pouvoir l'innocence de ces mêmes Peres, aussi-
bien que la vérité.

Cette déclaration autentique devoit, ce
semble, calmer la tempeste. Mais le Pere de
Morales s'imagina qu'aprés s'estre engagé,
quoy que légérement, dans cette affaire, il
n'y auroit point pour lui d'autre parti à prendre, que de pousser les choses à l'extrémité,
& d'éclairer une bonne fois le monde sur
les desordres des Jésuites : il vint donc lui-
même à Rome ; & voici un extrait des Pro-
positions qu'il présenta au Souverain Pon-
tife, pour estre qualifiées.

Il demandoit 1º si les Chrêtiens de la
Chine étoient obligez de jeûner, de garder
les Festes de l'Eglise, de se confesser & de
communier une fois chaque année.

2º Si les Missionnaires pouvoient dans
le Baptême des femmes omettre la cérémonie de la salive, du sel & de l'huîle des Ca-
thécuménes ; s'ils pouvoient aussi se dispenser de leur administrer l'Extréme-Onction.

3º S'il étoit permis aux Chinois de prendre dans le prest trente pour cent, selon la
Loy de l'Empire, quand d'ailleurs on ne
peut pas faire profiter son argent, ou qu'on
ne souffre rien en le prêtant.

4º & 5º Si l'on peut permetre aux usuriers publics qui veulent se faire Chrétiens ; de continuer leurs usures, en cas que les Mandarins les y contraignent ; & si leurs enfans sont obligez à restitution.

6° Les Idolatres ont coûtume d'amasser de l'argent dans les Villes & dans les Bourgades, pour faire des Sacrifices aux Faux-Dieux, ou pour des Festes pleines de superstitions ; les Chrétiens peuvent-ils y contribuer, dans la crainte, s'ils ne le font pas, de s'attirer le ressentiment des Payens ?

7° Les Mandarins sont obligez en certaines occasions de faire des Sacrifices à l'Idole *Chimbou*, de se prosterner devant elle, de l'adorer ; est-il permis aux Chrétiens qui sont en Charge, d'entrer dans ce Temple, de cacher une Croix dans leur main, ou parmi les fleurs de l'Autel, & de faire ensuite à l'extérieur toutes les cérémonies, sous prétexte qu'ils réferent dans leur esprit tous ces honneurs, non à l'Idole, mais à la Croix qu'ils ont cachée ?

8° On fait toutes les années des Sacrifices à Confucius dans son Temple, pour lui rendre graces d'avoir enseigné les Chinois, & pour lui demander la sagesse, l'esprit, & le succés dans les études ; les Chrétiens peuvent-ils offrir de semblables Sacrifices, y assister, ou se servir d'une Croix pour diriger leur intention ?

9° On fait auſſi de ſemblables Sacrifices à ceux qui ſont morts ; les Chrétiens peuvent-ils y aſſiſter, ou les offrir eux-mêmes, en offrant une Croix ?

10° Si les Chrétiens font en leur particulier toutes ces cérémonies, ſans prétendre autre choſe que de rendre purement à leurs Anceſtres un culte civil ; ne peut-on pas au moins le tolérer, ſur tout s'ils mettent une Croix ſur l'Autel avec leurs offrandes ?

11° C'eſt la coûtume dans ces occaſions de ſuſpendre un Tableau, qui eſt ſelon les Chinois *le ſiége de l'ame*, c'eſt-à-dire, où l'ame en-effet repoſe, & reçoit le Sacrifice, les revérences, les priéres des Aſſiſtans ; au reſte ce Tableau eſt ſur un Autel véritable ; un Chrétien peut-il avoir chez lui de ſemblables Tableaux, & s'en ſervir dans les cérémonies ?

12° Quand quelqu'un meurt, on éleve dans ſa maiſon un Autel auprés du cercueil, on brûle en ſon honneur des parfums & des bougies, on ſuſpend ſon Tableau, devant lequel les parens & les amis de la famille s'inclinent, &c. cela eſt-il permis ?

13° Eſt-il néceſſaire de déclarer à ceux qui demandent le Baptême, que la Religion Chrétienne deffend tout Sacrifice, & toute Idolatrie ?

K 3

14° Parmi les Chinois *Xim* signifie la même chose que *Saint* parmi nous ; peut-on s'en servir pour honorer les Idolatres, & dire par exemple que Confucius est un Saint ?

15° Est-il permis aux Missionnaires, à l'exemple des Chinois, de mettre dans nos Eglises & sur un Autel un Tableau, où l'on écrive ces paroles, que *l'Empereur de la Chine vive mille & mille années* ?

16° Peut-on offrir le Sacrifice de la Messe pour les Chinois idolatres qui sont morts dans leur idolatrie ?

17° Comme les Payens sont fort scandalisez de nous entendre dire que Jesus-Christ a été crucifié ; est-il nécessaire de leur parler de ce Mystére, & de leur montrer l'Image du Crucifix ?

Voila, Monseigneur, sur quoy le R. P. de Morales voulut estre éclairci. En trois ou quatre années d'une étude assez superficielle, il avoit pû dévorer les sciences de la Chine les plus épineuses ; il en avoit pénétré tous les mystéres : mais sa vie, son esprit, toute sa Théologie furent trop courtes pour se déterminer sur les matiéres les plus communes du Catéchisme ; & il jugea à propos de faire une seconde fois le tour du monde, pour demander à la Ste. Congrégation si l'usure

publique eſt deffendue parmi les Chrétiens ;
ſi l'on peut offrir de vrays Sacrifices aux Idoles ; s'il eſt permis de feindre ſa Religion,
& de paroître Idolatre au déhors, pourveu
qu'en ſecret on adore le vray Dieu ; ſi l'on
doit prier pour les damnez, & canoniſer
dans ſes diſcours ceux qu'on ſçait eſtre morts
dans l'Idolatrie ; ſi un Chrétien peut ignorer
Jesus-Christ crucifié.

Voila ce que c'eſt d'avoir une conſcience
trop délicate : un Sçavant ſcrupuleux a ſouvent plus de peine à ſe déterminer, qu'un
ignorant de bon ſens. Ce qui me ſurprend,
Monſeigneur, c'eſt que le R. Pere de Morales n'ait pas pouſſé ſes doutes plus loin :
il devoit, ce me ſemble, à toutes ces queſ-
tions en ajoûter encore une plus néceſſaire
au repos de ſa conſcience, que toutes les
précédentes, & demander encore à la Congrégation, s'il eſt permis à un Religieux,
à un Preſtre, à un Miſſionnaire, d'impoſer
au Tribunal le plus auguſte de l'Egliſe, en
accuſant ſans fondement ſes freres de pré-
varication, de ſuperſtition, & d'idolatrie.

Pour tout autre Théologien, la queſtion
n'étoit pas bien difficile à réſoudre : mais
pour le P. de Morales qui doutoit de tout,
& qui pouvoit bien en cela prendre le plus
mauvais parti ; je crois qu'avant de rien pro-

poser, il euſt été à propos de commencer par connoître toutes ſes obligations ſur ce point.

Car enfin quoy que le Decret qui fut donné conformément à ces faits ſuppoſez, ne parle en aucune maniére des Jéſuites ; on ſçait aſſez que le **P.** de Morales a voulu par là faire entédre à toute la terre qu'ils étoient coupables de ces abominations : il s'en eſt aſſez expliqué par ſes lettres & dans ſes diſcours particuliers ; il s'en faiſoit même un point de religion. Mais de quoy ne ſont pas capables les plus gens de bien, quand ſous prétexte de zéle, ils peuvent ſe cacher à eux-mêmes leur animoſité.

Cependant les Jéſuites de la Chine, avertis de ce qui s'étoit paſſé en Europe, députérent le Pere Martini de leur Compagnie, pour informer la Cour de Rome du véritable état de leurs Miſſions. Dés qu'il fut arrivé, il expliqua au S. Pere & aux Cardinaux les coûtumes particuliéres des Chinois, leurs Loys, leur politique, leur Religion ; il déclara en même temps ce que les Miſſionnaires de nôtre Compagnie avoient juſqu'alors toléré ou permis aux nouveaux Chrétiens de la Chine ; enfin il ſupplia Sa Sainteté de régler la maniére dont les Miniſtres de l'Evangile devoient en uſer à l'avenir.

tenir. Comme on avoit long temps auparavant écouté le P. de Morales, on écouta aussi les tres-humbles remontrances du P. Martini; & voici comme on fit droit aux Parties par un second Decret.

Les Missionnaires de la Compagnie à la Chine n'ayant pas été encore oüis quand on proposa diverses questions à la sacrée Congrégation *de propaganda*, & les faits ayant été differemment exposez, nôtre tres-saint Pere a renvoyé cette affaire à la sacrée Congrégation de la supréme & générale Inquisition de la Foy; laquelle a répondu de la maniére suivante, aprés s'estre fait raporter le sentiment des Qualificateurs.

1° On demande si les Missionnaires, quand ils baptisent les nouveaux Chrétiens, doivent leur déclarer qu'ils sont obligez sous peine de peché mortel, à l'observance du droit positif en ce qui regarde les Jeûnes, les Festes de l'Eglise, la Confession annuelle, & la Communion Paschale. Voici les raisons qu'on peut avoir d'en douter. Touchant le Jeûne, les Chinois ont tous coûtume dés leur enfance de faire chaque jour trois repas, parce que la nourriture du payis est tres-légére; deplus les Mandarins seroient obligez d'aller au Palais, & de demeurer à jeun depuis huit heures du matin

L

jufqu'à deux heures aprés midi , ce qui leur feroit abfolument impoffible.

Touchant les Feftes, la plufpart des Chrétiens font obligez de travailler pour gagner leur vie ; outre cela ils ont fouvent ordre des Mandarins de faire les jours de Feftes plufieurs œuvres ferviles ; les Mandarins même qui ont embraffé la Foy , doivent auffi aller au Palais, fous peine de privation de leurs Charges.

Les Miffionnaires font en petit nombre , le Royaume eft tres-vafte ; ainfi il eft impoffible à tous les Chrétiens d'entendre la Meffe les jours de Fefte, de fe confeffer tous les ans, & de communier à Pâques.

La facrée Congrégation, felon ce qui vient d'eftre raporté, a été d'avis que les Miffionnaires fiffent connoître aux Chrétiens, que le droit pofitif touchant les Jeûnes , l'obfervation des Feftes, la Confeffion & la Communion chaque année, les y obligeoit fous peine de peche mortel ; mais qu'ils peuvent en même temps leur expliquer les raifons que les Fidéles ont quelquefois de fe difpenfer de l'obligation des Préceptes ; qu'on pouvoit auffi, fi Sa Sainteté le trouvoit bon , donner aux Miffionnaires le pouvoir d'en difpenfer dans les cas particuliers feulement, & quand ils jugeront à propos.

2° On demande s'il est nécessaire d'observer dans le Baptême des femmes adultes toutes les cérémonies de l'Eglise ; * s'il suffit de conferer seulement l'Extréme-Onction à celles qui la demandent ; si même on peut la leur refuser , quand on craint prudemment d'exciter par là une persécution, ou de faire un scandale.

Les raisons d'en douter se prennent de l'extréme modestie des femmes Chinoises, de leur pudeur naturelle, de leur éloignement infini de tout commerce avec les hommes, dont elles évitent même la vûe avec soin ; de sorte que si les Missionnaires ne se comportent en ces occasions avec beaucoup de retenue & de précaution, non seulement ils scandalisent les Chinois, mais ils exposent même la Religion à un danger évident de se perdre.

La sacrée Congrégation ayant égard à ce qui a été exposé, juge qu'on peut alors omettre certaines cérémonies dans l'administration du Baptême, & même se dispenser de donner l'Extréme-Onction, quand la nécessité d'en user ainsi est pressante.

3° On demande si les gens de Lettres qui sont Chrétiens , peuvent en conscience faire les cérémonies qui se pratiquent en l'hon-

L 2

* Sacramentalia.

neur de Confucius, quand on les reçoit Bacheliers ; car alors nul Sacrificateur, nul Prê-
tre des Faux-Dieux, nul Ministre de la Secte
des Bonzes ne se trouve à ces cérémonies ;
on n'y fait rien qui ait été institué par les
Idolatres ; c'est seulement une assemblée de
Sçavans & de Philosophes qui reconnoissent
Confucius pour leur Maître, & qui lui rendent des honneurs purement civils & politiques, selon leur premiére Institution.

Car tous ceux qui doivent estre admis aux
Degrez, vont en corps dans la salle de Confucius, où le Chancelier, les Docteurs &
les Examinateurs les attendent : quand ils y
sont arrivez, ils font les revérences, les inclinations selon la coûtume du payis devant
le nom du Philosophe, comme les disciples
le pratiquent à l'égard de leurs Maîtres vivans, sans lui rien offrir ; ainsi aprés avoir
par là reconnu Confucius pour leur Maître,
ils reçoivent du Chancelier leur degré, & ils
se retirent : deplus cette salle est un Collége, & non pas proprement un Temple, car
elle est fermée à tout le monde, excepté
aux gens de Lettres.

La sacrée Congrégation selon ce qui a été
exposé, a jugé qu'il falloit permettre ces cérémonies aux Chrétiens Chinois ; car il paroist que c'est là un culte purement civil &
politique.

5° On demande si les cérémonies établies selon les maximes des Philosophes pour honorer les morts, peuvent estre permises aux Chrétiens, aprés en avoir retranché tout ce qu'on y a depuis ajoûté de superstition.

On demande aussi si les Chrétiens peuvent pratiquer ces cérémonies, quon juge estre civiles, avec les parens idolatres.

On demande encore si les Chrétiens, sur tout en faisant une profession de Foy, peuvent assister aux cérémonies superstitieuses des Idolatres, pourveu qu'ils ne les approuvent pas, & qu'ils ne se mêlent point dans l'action : leurs parens trouveroient tres-mauvais qu'ils se dispensassent de ce devoir de civilité ; & cette négligence seroit entr'eux une source de haine & de division : au reste les Chinois ne regardent point les morts comme des Divinitez ; ils n'espérent rien d'eux, ils ne leur demandent rien.

Il y a trois autres actions, où les Chinois honorent les morts : la premiére quand quelqu'un est décédé, soit Idolatre, soit Chrétien ; c'est une coûtume inviolable de dresser une table ou une espéce d'Autel dans sa maison, d'y placer son image ou un Tableau dans lequel on a écrit son nom ; cette table est entourée de fleurs, de cassolettes, de bougies, & derriére on met le corps dans un cercueil.

L 3

Tous ceux qui viennent dans la maiſon pour faire leurs complimens de condoléance , fléchiſſent les genoux trois ou quatre fois , & courbent la teſte juſqu'à terre devant l'image ou devant le Tableau ; deplus ils portent avec eux des bougies & des parfums qui brûlent ſur cét Autel , ou plutoſt ſur cette table devant la même image.

La ſeconde maniére d'honorer les morts ſe pratique deux fois l'année dans la ſalle des Anceſtres ; c'eſt ainſi que les Chinois l'appellent , & non pas un Temple , car ils diſent *hu-tung* : ce ſont des Monumens où l'on conſerve la mémoire des morts : il n'y a qué les plus conſidérables du Royaume & les plus riches qui puiſſent avoir de ſemblables apartemens ; on n'y enterre perſonne ; les montagnes ſeules ſont à la Chine deſtinées à cét uſage ; on y voit non ſeulement le portrait du plus noble des Anceſtres de la famille ; mais les noms de tous les autres , même des enfans & des filles qui ſont décédez , ſe trouvent écrits ſur de petites planches de bois , d'un pied de long , avec la qualité , le ſexe , l'âge d'un chacun ; & le jour même de ſon décés ces planches ſont diſpoſées ſur des gradins les unes au-deſſus des autres.

C'eſt dans cette ſalle que toute la parenté s'aſſemble deux fois l'année : les plus riches y offrent des viandes , du vin , des bougies, des parfums: les pauvres qui ne peuvent avoir ces sortes de salles , gardent dans leurs maisons les Tableaux où sont les noms de leurs morts ; ils les placent dans un lieu particulier , & quelquefois même sur un Autel avec les Images de nos Saints , parce que la petitesse de leurs maisons ne leur permet pas de leur destiner un autre endroit. Au reste ils ne rendent aucun honneur à ces Tableaux , & ils ne leur font aucune offrande ; car ces cérémonies ne se doivent pratiquer que dans les salles des Ancestres : ceux donc qui n'en ont point , ne font aucune de ces cérémonies.

Les Chinois honorent encore leurs Ancestres auprés de leurs tombeaux qui sont tous sur les montagnes hors des murailles de la Ville , selon les Loix de l'Empire : les enfans , & les proches parens de la famille y vont du moins une fois l'année au commencement de May ; ils arrachent les herbes qui ont crû tout au tour de la sepulture ; ils pleurent , ils se prosternent , ils préparent des viandes cuites & du vin ; & aprés avoir fini leurs lamentations, ils boivent & ils mangent.

La sacrée Congrégation , selon ce qui a été raporté , a jugé qu'on pouvoit tolérer dans les Chinois Chrétiens ces cérémonies des Ancestres, même avec les Gentils ; en retranchant néanmoins ce qu'il y a de superstitieux ; elle a aussi jugé que les Chrétiens pourroient avec les Gentils assister à leurs cérémonies superstitieuses ; sur tout quand ce n'est pas pour eux une occasion de chûte, quand ils y font une profession de leur foy, & quand d'ailleurs ils ne peuvent autrement éviter les querelles & les inimitiez de leurs proches.

Ce Decret fut porté dans l'Assemblée générale de l'Inquisition, approuvé par N. S. P. le Pape Alex. VII. le 23 de Mars de l'an. 1656. & confirmé par Clement IX. Le P. Martini qui l'avoit obtenu aprés une longue discussion & un examen tres-rigoureux, retourna à la Chine, persuadé que dorénavant les Ministres de l'Evangile, unis par la charité de JESUS-CHRIST, travailleroient à la conversion de ce grand Empire dans un même esprit, & dans une parfaite conformité de sentimens. Mais Dieu, dont les Jugemens sont toûjours adorables & toûjours cachez, ne permit pas que nos adversaires ouvrissent les yeux à la lumiére : ils avoient proposé leurs raisons ; nous avions ensuite expliqué les nôtres : il étoit naturel de s'en tenir au dernier jugement qui étoit contradictoire ; cependant ils se firent un point de con-

confcience, & plût à Dieu qu'ils ne s'en fuffent pas fait un point d'honneur, de protefter contre ce Decret; & ce fut en vain que nous tâchames de leur perfuader cette maxime de S. Jérôme, que deux Miniftres de JESUS-CHRIST, qui difputent fur un point de Religion, gagnent toûjours l'un & l'autre leur caufe, quand ils fe foumettent tous deux à la vérité : *vicifti, & ego vici.* On ne put obtenir qu'ils fuiviffent les nouveaux Ordres de la facrée Congrégation ; & nous avons eu la douleur de voir toûjours quelques particuliers qui s'y font oppofez.

Ce n'eft pas, Monfeigneur, que je prétende par là que le premier Decret ait été abfolument révoqué par le fecond, & que celui-ci foit de telle nature, qu'on ne puiffe encore en faire un troifiéme, fi l'on connoît dans la fuite plus clairement la vérité des faits. Mais comme un troifiéme Decret fupoferoit affurément qu'on n'auroit guéres compté fur les rélations des Jéfuites ; de même le fecond Decret marque affez que la facrée Congrégation n'a pas ajoûté foy au témoignage du P. de Morales : Et certainement puifqu'il s'agiffoit de donner aux Miffionnaires des Réglemens de Politique fur la conduite qu'ils devoient tenir, & non pas des éclairciffemens fur des queftions fpécu-

M

latives ; il falloit bien qu'on se défiast des premiéres informations ; autrement un second Decret eust été non seulement inutile, mais encore tres-dangereux ; puisque par là, bien-loin de rendre la paix à la Chine, on y auroit entretenu, & même augmenté la division.

Que si nos adversaires ont eu raison de ne s'y pas soumettre, comme ils ne s'y sont pas en-effet soumis, sous prétexte que les faits n'ont pas été fidélement raportez ; jamais Rome ne décidera rien sur ces matiéres, qui nous oblige ; puisque nous pourrons toûjours protester aussi-bien qu'eux, qu'elle n'a pas été fidélement informée de la vérité des faits.

Il est vray qu'on peut en certaines occasions, & pour peu de temps suspendre l'éxécution d'un ordre, sur tout quand il est manifestement obtenu sur un faux allégué. Mais en quel Tribunal du monde pourra-t-on se justifier, quand on a refusé durant plus de quarante ans d'obéir à un Decret, qui est du moins en apparence contradictoire.

Avant que de finir cette lettre, je ne puis, Monseigneur, me dispenser de faire quelques réflexions, qui suivent naturellement de ce que j'ay eu l'honneur de vous dire.

La premiére regarde les Jésuites. Quand

nôtre S. P. le Pape changeroit à l'avenir quelque chose à leur pratique dans la Chine ; le Public ne peut sans injustice desaprouver la conduite qu'ils ont tenue jusqu'ici.

Car enfin que devoient faire des Missionnaires zélez & prudens qui entrent pour la première fois dans un Empire, dont les mœurs, les sciences, les Loix sont infiniment differentes des nôtres ? Falloit-il d'abord renverser tout ce qui n'étoit pas conforme à nos usages, & arracher sans distinction l'ivraye avec le bon grain ? Nous allions conquerir des ames, & non pas changer l'ordre des Républiques, sçachant bien que le Royaume de JESUS-CHRIST n'est pas de ce monde.

Nous avons donc cru qu'il étoit de la prudence chrétienne de considérer long temps l'ennemi, avant que de le combattre ; de l'attaquer par son foible, & non pas par les endroits que la sagesse du Gouvernement avoit mis à couvert de nos anathémes ; d'aller enfin troubler la fausse paix de ceux qui vivent dans les tenébres du péché ; mais de laisser aux morts le soin d'ensevelir leurs morts.

C'est-à-dire, Monseigneur, pour vous parler plus simplement, qu'après avoir examiné tres-long temps de bonne foy sans au-

cune prévention les cérémonies de la Chine, confidéré ce qui convenoit à l'édifica-
tion publique, & à la pureté de la Foy, pefé
au poids du Sanctuaire les moyés les plus fûrs
d'établir la Religion dans ce grand Empire ;
nous avons enfin cru devoir établir l'ordre
qui s'y pratique avec fuccés depuis cent ans,
& que Rome même, il y a plus de 40. ans,
a permis & approuvé avec éloge. Que fi nos
adverfaires aprés tout cela trouvent encore
à redire à nôtre conduite, il faudra dorénavant pour leur plaire changer les Loix les
plus faintes de la fageffe & de la prudence
Chrétienne.

La feconde réflexion regarde le procédé
de nos adverfaires. Certainement on ne peut
trouver mauvais qu'ils ayent été d'un fenti-
ment contraire à celui des Jéfuites : car outre que la vérité ne fe préfente pas toûjours
également à tous les efprits ; il faut conve-
nir que cette premiére image des cérémonies Chinoifes a quelque chofe de fort choquant pour de nouveaux Miffionnaires ; je
loüe même beaucoup leur courage d'avoir
defferé aux Evêques & au S. Siege ceux qu'ils
croyoient égarez dans les voyes du falut: ils
vouloient nous convertir avant que de travailler à la converfion des Infidéles ; nous
devons fans doute leur en fçavoir gré, &

eftre difpofez par un efprit de reconnoiffance
à leur rendre les mêmes offices en femblables occafions.

Mais fi jamais ces occafions fe préfen-
toient, ce qui n'eft pas tout-à-fait impoffible, voici les régles que je veux me prefcri-
re, afin de n'avoir rien à me reprocher devant Dieu.

Je ne confidérerai ni la nation, ni l'habit particulier de ceux que je voudrai refor-
mer, de crainte que cette attention ne me
prévienne peu favorablement à leur égard,
& ne les rende coupables à mes yeux, lors
même qu'ils feront innocens aux yeux de
toutes les perfonnes raifonnables.

2° Comme la jaloufie fe gliffe infenfiblement parmi les perfonnes de même profeffion, & qu'il eft d'ailleurs naturel en matiére de fcience de fe préferer aux autres ; je
me dirai fouvent à moy-même : *frater noster
es, crefcas in mille millia :* ce font mes freres,
dont la gloire me doit eftre auffi chére que
la mienne propre ; ce font des Miniftres de
JESUS-CHRIST, pleins de zéle, de capa-
cité, de bonnes intentions, qui portent le
poids de la chaleur & du jour dans la vigne
du Seigneur : pour moy je fuis encore à la
porte, & il s'en faut bien que je n'aye toute
leur expérience.

3° Mais * *quand je posséderois toute la scien-ce ; quand j'aurois une parfaite connoissance de tous les Mystéres, jusqu'à passer pour un Pro-phéte ; quand ma foy pourroit transporter les mon-tagnes, & me soûtenir au milieu des flammes du plus cruel martyre ; je serai toûjours persuadé que sans la charité je ne suis rien ; & que sans cét esprit de douceur & de modération, qui est inséparable du véritable zéle, je ne puis jamais utilement reprendre les defauts de mes freres : car la charité est patiente, elle est douce, elle n'est ni vicieuse, ni téméraire, ni pré-cipitée ; elle ne pique & ne s'aigrit jamais ; elle to-lére tout, elle souffre tout.* Dans ce portrait de la parfaite charité, que S. Paul nous a tracé, il n'y a pas un mot qui ne serve à mon su-jet, & qui ne soit pour moy un point par-ticulier d'une salutaire instruction.

4° Si néanmoins, comme il se peut fai-re, le bien public, l'interest de la Religion, ma propre conscience m'oblige de décou-vrir aux Supérieurs Ecclésiastiques les déré-glemens des autres ; alors j'assaisonnerai ma correction de tant de modestie & de rete-nuë, que le monde sera persuadé que je ne cherche point à humilier mon frere, & que je n'ai en vûe que le salut des ames & l'édi-fication de l'Eglise.

* S. Paul, Ad Corinth. c. 13.

Ainsi bien-loin de profaner mes Ecrits par des injures atroces, par des exagérations outrées, par des calomnies indignes non seulement d'un Chrétien, mais encore d'un honneste homme ; je raporterai de bonne foy le mal, sans jamais dissimuler le bien que je connois ; car il est difficile que mes adversaires ne méritent par quelqu'endroit mon estime : si je ne puis tout-à-fait approuver leurs actions, j'excuserai du moins leurs intentions ; & sur tout dans le dessein que j'ai d'effacer la tache de quelque Particulier, je me garderai bien de noircir malignement tout le corps.

5° J'ai encore un autre écueil à éviter, qui n'est pas moins dangereux que les premiers. Ceux que j'accuserai, ne manqueront pas apparemment d'ennemis ; car qui est-ce qui n'en a pas en ce monde ? plus le mérite est éclatant, plus il est exposé aux traits de la malignité. Ces ennemis toûjours attentifs aux occasions de nuire, embrasseront peut-estre ma cause avec trop de chaleur ; ils voudront m'aider de leur crédit, de leurs biens, de leur plume ; les facilitez que je trouverai de réussir par leur moyen, m'engageront insensiblement dans leurs interests particuliers ; il ne me restera presque plus de liberté pour agir, & je deviendrai sans y penſer l'inſtrument de leur paſſion ou de leur haine.

Ainſi à la charité & au zéle qui m'animoient dans les commencemens, ſuccéderont le trouble & le bruit confus de la cabale. Ce n'eſt pas ainſi que la Religion veut eſtre deffenduë ; un expoſé ſimple, humble & ſincére fera mieux connoître la vérité, que l'emportement ſcandaleux d'un parti plein d'animoſité.

6° Oſerois-je encore prendre une précaution que bien des gens jugeront inutile, mais qui me paroiſt néanmoins néceſſaire, tant je ſuis perſuadé que l'homme quelque profeſſion de vie qu'il ait embraſſée, eſt capable des plus grandes fautes ?

Les Hérétiques que l'erreur a ſéparez des intereſts de l'Egliſe, ne ſont preſque jamais utiles pour ſoûtenir la bonne cauſe : s'ils ſemblent quelquefois prendre le parti de la vérité, ce n'eſt que pour la trahir, en portant ſecrettement un coup plus funeſte à la Religion. Je ne puis donc jamais en conſcience leur prêter des armes, leur donner ma confiance, & me mettre en une eſpéce de ſociété pour attaquer les enfans ou les Miniſtres de la véritable Egliſe. Quel ſcandale, ſi l'on voyoit leurs libelles remplis des mémoires ſanglans que je leur aurois fournis

mis contre des Millionnaires ? quelle horreur, fi pour mieux réuffir dans mes deffeins,
je me fervois de leur plume, de leur con-
feil, de leur crédit ? en ufer de la forte, ce
feroit prendre le flambeau de l'héréfie pour
échauffer l'efprit de mes Juges, pour donner un faux jour à mes raifons, & pour
noircir peut-eftre par là l'innocence & la
vérité : nous ne vivons plus au temps de ces
Prophétes qui faifoient fortir des forefts les
ours & les lions pour déchirer leurs ennemis.

Mais peuteftre me fera-t-il permis d'attirer fur eux le feu du Ciel, c'eft-à-dire les
foudres de l'Eglife. Quand on fe fait un plai-
fir fecret d'humilier fon frere; quand on flatte
par là tout un parti d'une vaine efpérance,
on ne fçait guéres de quel efprit on eft animé ; ce n'eft pas affurément de l'efprit de la
nouvelle Loy, ce n'eft pas même de celui
d'Elie, qui fouffroit apparenment en fon
cœur une partie du mal que Dieu lui com-
mandoit de faire aux autres.

Je fouhaitterai donc au-contraire de
m'eftre moy-même trompé dans mes accu-
fations ; je reconnoîtrai de bonne foy mes
adverfaires innocens, dés que l'Eglife les
aura juftifiez : je ne chercherai point les
moyens de furprendre de nouveaux Juges

N

qui foient moins inftruits & moins favorables à mes Parties, que les premiers. Enfin
j'appréhenderai toûjours que ce feu célefte,
dont je les menace, ne me noirciffe moy-
même, & ne les rende plus éclatans.

Quand la Religion, la prudence Chrétienne ont ainfi prévenu un efprit : quand
le cœur eft fortifié par toutes ces régles de
charité & de juftice ; on peut alors fûrement
s'abandonner à fon zéle ; & fi les perfonnes
qui nous accufent fi vivement depuis plufieurs années, veulent bien fe confulter
eux-mêmes devant Dieu, peut-eftre trouve-
ront-ils qu'ils ne les ont pas toutes obfer-
vées parfaitement.

Mais puifque je fuis infenfiblement tom-
bé fur ce qui regarde nos adverfaires, je ne
puis, Monfeigneur, m'empêcher de faire
une troifiéme réflexion fur leur conduite.
Ils demandent avec empreffement qu'on
porte contre nous un nouveau Decret, &
qu'on nous juge. Mais fur quoy ? veulent-
ils qu'on déclare fimplement & abfolument
que Confucius & les ames des morts paffent
à la Chine pour des Idoles ? Comme c'eft
là un point de fait que nôtre S. Pere & les
Eminentiffimes Cardinaux ne peuvent jamais connoître ni par eux-mêmes, ni par la
lecture des Livres qu'ils n'entendent pas ;

Il faut néceſſairement pour prononcer avec leur ſageſſe ordinaire, qu'ils s'en raportent aux témoignages des Miſſionnaires : ſi ces témoignages ne s'accordent pas en-effet ; la prudence veut qu'on ſuſpende le Jugement, à-moins qu'on ne veüille s'arrêter au plus grand nombre : que ſi on prend ce parti, c'eſt nous donner gain de cauſe ; puiſque pour un Miſſionnaire qui ſe déclare contre Confucius, il y en a plus de dix qui lui ſont favorables.

Penſent-ils donc que la ſacrée Congrégation doive deffendre les cérémonies publiques, parce qu'elles ſont accompagnées de cérémonies ſuperſtitieuſes ? certainement c'eſt demander à la ſacrée Congrégation qu'elle ſe condamne elle-même, puis qu'elle a déclaré qu'on pouvoit retrancher les actions ſuperſtitieuſes, & pratiquer enſuite ſans ſcrupule celles qui ne le ſont pas. D'ailleurs on ſçait avec combien de prudence elle veut qu'on ménage les Idolatres, quand il s'agit de conſerver ou de changer leurs coûtumes ; car voici ce qu'elle ordonna aux Evêques qui furent envoyez à la Chine.

,, N'entreprenez jamais, leur dit-elle, de per-
,, ſuader à ces peuples de renoncer aux coû-
,, tumes de leur payis, à-moins qu'elles ne
,, ſoient tres-manifeſtement contraires à la

„ Religion, & aux bonnes mœurs. En-effet
„ qu'y auroit-il de plus éloigné du bon sens,
„ que de vouloir pour ainsi dire rendre la
„ Chine Françoise, ou Espagnole, ou Ita-
„ lienne, ou semblable à quelqu'autre Pro-
„ vince de l'Europe ? C'est uniquement nô-
„ tre sainte Foy qu'il y faut introduire, &
„ non pas nos maniéres..... D'ailleurs com-
„ me c'est une inclination naturelle à tous
„ les hommes d'estimer & d'aimer leur na-
„ tion préferablement aux autres ; rien ne
„ seroit plus capable de nous rendre odieux
„ à ces peuples, que de vouloir abolir leurs
„ usages, particuliérement ceux qui sont éta-
„ blis de tout temps.

Nos adversaires n'ont donc plus qu'un
troisiéme parti à prendre ; c'est de dire que
tout est contraire aux bonnes mœurs , ou à
la pureté de la Foy. Pour connoître s'ils ont
raison , je leur demande si c'est là une chose
certaine, ou si l'on peut raisonnablement en
douter. Si cela est douteux , selon les régles
de la sacrée Congrégation on ne doit pas le
condamner : *modo ne sint apertissimè Religioni,
& bonis moribus contraria.*

S'ils prétendent au-contraire que c'est une
chose tres-claire, & aussi évidente , qu'il est
évident que *la Seine passe à Paris*, comme
ils le disent en-effet; comment la sacrée Con-

grégation le peut-elle croire, puisque depuis un siécle plus de cent Missionnaires, dont la pluspart ont été tres-habiles, & dont quelques-uns sont morts en odeur de sainteté, ne s'en sont pourtant jamais aperçûs.

Si cent Chinois venus à Paris par curiosité, protestoient à leur retour qu'ils n'y ont point vû de riviére, que même les Parisiens sont persuadez qu'il n'y en a jamais eu; quelque chose que pussent dire cinq ou six de leurs compagnons, on ne croiroit pas à la Chine comme une chose incontestable, que la Seine passe à Paris, on suspendroit au moins son jugement jusqu'à ce qu'on fût mieux informé de la vérité.

Mais s'il est clair que Confucius & les morts sont des Idoles, comme il est clair que *la Seine passe à Paris*; comment nos adversaires ont-ils permis depuis tant d'années à leurs Chrétiens de leur rendre un culte public? Il y a environ quinze ans que Monsr. Maigrot est Vicaire Apostolique; il a été instruit par les Peres de S. Dominique, qui le reçûrent au commencement beaucoup mieux que les Jésuites Portugais; c'est en quelque maniére leur éleve.

Il n'a donc rien ignoré de ce qu'ils pensoient sur cette maniére : cependant durant plus de neuf ans il a souffert dans les Pro-

N 3

vinces de fon Vicariat qu'on honoraft Confucius, qu'on pratiquaſt les cérémonies des morts. S'il étoit évident que les Chrétiens commiſſent en cela des idolatries, comme il eſt évident que *la Seine paſſe à Paris*, il ne pouvoit le tolérer, fans eſtre prévaricateur, fans trahir la Religion, fans fe rendre lui-même coupable d'idolatrie.

Que les Jéfuites en ufent ainſi, je ne m'en étonne pas, puis qu'ils regardent ces cérémonies comme un culte civil & politique ; ils font du moins dans la bonne foy. Mais ces Meſſieurs ne peuvent pas fe rendre le même témoignage. Car enfin ils ne perfuaderont jamais à toute l'Europe qu'ils ayent eu befoin de douze ou de quinze années d'une étude conſtante & opiniâtre pour découvrir une vérité, auſſi clairement & auſſi évidenment connuë dans toute la Chine, que *la Seine l'eſt à Paris.*

Il faut donc, comme quelques-uns s'en font déja expliquez, partager le different, permettre certaines cérémonies, & deffendre abfolument les autres. Mais s'ils fe contentent de ce partage, où eſt le fruit d'une guerre fi odieufe pour la Chine, & fi fcandaleufe pour l'Europe ; que demandons-nous donc autre chofe ? qu'avons-nous pratiqué depuis un fiecle ? & ceux qui nous at-

taquent à-préſent, quelle autre conduite
ont-ils tenuë depuis qu'ils ſont dans leurs
Miſſions ; n'eſt-ce pas en vertu du ſecond
Decret, que recevant les cérémonies politiques, & rejettant les ſuperſtitieuſes, nous
avons vécu ſi long temps, du moins en apparence, dans le même eſprit ?

Je les ay vûs moy-même, ces nouveaux
Apoſtres, édifié de leur zéle, animé par leur
exemple, ſoûtenu de leur autôrité, condui-
re avec nous le Troupeau dans les mêmes
paturages ; nous marchions enſemble dans
les voyes que le Souverain Paſteur nous
avoit marquées, & à l'ombre de la protection d'un Empereur, qui peut-être ſera
un jour le Conſtantin de l'Aſie. Nous tra-
vaillions tous avec ardeur à remplir le Ber-
cail de Jesus-Christ : * *Currebatis bene;
quis vos impedivit veritati non obedire ?* Vous
couriez ſeurement dans les voyes de la Juſtice ; & quoy que vous euſſiez toûjours des
dangers à éviter, ceux qui vous précédoient,
n'étoient point de ces guides aveugles, qui
en tombant les premiers, entrainent avec
eux d'autres aveugles dans le précipice. Qui
eſt-ce donc qui vous empêche d'embraſſer
la vérité que vous avez ſi long-temps re-
connuë ?

* Ad Galat. 5. 7.

A toutes ces réflexions, Monseigneur, vous me permettrez d'en ajoûter encore une autre, qui fut faite il y a quelques jours, dans une Compagnie où je me trouvai.

On y parla long-temps des cérémonies Chinoiſes, & les Jéſuites n'y furent pas oubliez. Ceux qui au déhors parroiſſoient les plus échauffez & qui au fond ſe mettoient peu en peine de ce qui ſe paſſe à la Chine, pourveu qu'ils euſſent un prétexte ſpécieux de nous décrier, ne voulurent pas même m'entendre, & il fallut malgré-moy les abandonner à leur prévention : les autres plus moderez & de meilleure foy, connurent la vérité & l'appuyérent de toute leur force ; iln'y en eut qu'un ſeul qui ſans prendre parti, écouta froidement la diſpute.

Cela même fit ſouhaitter à tout le monde de ſçavoir ſon ſentiment, & on le preſſa de ſe déclarer. Pour moy, dit-il, quoy que vous en diſiez, ils me paroiſſent tous également coupables ; & j'avoüe que je ſuis un peu en colére contre les deux Parties.

Eſt-il poſſible, ajoûta-t-il en ſoupirant, que des gens qui ont renoncé à toutes les douceurs de la vie, qui ſe ſont exilez eux-mêmes pour la Foy, qui ſacrifient leur ſanté, leurs biens, leur liberté à JESUS-CHRIST; qui s'expoſent tous les jours aux nauffrages,

aux

aux prisons , au martyre , n'ayent pas assez de patience , ni d'humilité pour se supporter un peu les uns les autres? On ne me persuadera jamais que ces dissentions naissent de la difference des sentimens. Croyez-moy, c'est le cœur , & non pas l'esprit, qui dispute. Si ces Apôtres étoient tous Dominicains , ou tous Jésuites ; si comme les premiers Fidéles ils n'étoient qu'un cœur & qu'une ame, nous n'aurions pas tant de peine à les accorder.

J'eus beau lui représenter que les premiers Apôtres n'avoient pas eux-mêmes été toûjours d'accord; que S. Paul avoit repris S. Pierre avec quelqu'espéce d'aigreur ; qu'ensuite pour un sujet assez léger en apparence, il s'étoit séparé de S. Barnabé, * rompant ainsi le lien sacré, dont l'Esprit Saint les avoit unis : qu'on remarquoit dans les disputes de S. Augustin & de S. Jérôme je ne sçai quel air d'animosité , qui pouvoit faire juger que les plus grands Saints ne se dépoüillent pas toûjours entiérement de l'homme: qu'enfin il suffisoit souvent d'avoir beaucoup de zéle , & peu de prudence pour causer de grands scandales dans l'Eglise.

Tout cela ne fut pas capable de le faire re-

O

* Dixit illis Spiritus Sanctus, segregate mihi Saulum & Barnabam, &c. Act. C. 13.

venir : il me répétoit toûjours ces paroles de l'Apôtre : * Dites tout ce qu'il vous plaira ; *c'est pour vous une espéce de crime , d'avoir ensemble des differens ; pourquoy ne souffrez-vous pas plutost l'injure qu'on vous fait ; bien-loin de la souffrir , vous attaquez les autres , & même vos freres.*

Ces reproches, Monseigneur, étoient pressans pour ceux qui ouvrent les premiers la dispute avec trop de chaleur, & qui blessent par un excés de zéle les esprits qu'ils veulent, ce semble, guérir de leurs erreurs ; mais ils ne tomboient pas sur les Jésuites.

Car enfin avons-nous jamais repoussé l'injure par l'injure ? Nous pouvions à la Chine empêcher les établissemens des nouveaux Missionnaires, & détruire par là même, sans qu'il y parust, les accusations avec les accusateurs. Bien-loin d'en user ainsi, comme il nous eust été facile, nous-nous sommes souvent employez en leur faveur ; & leurs propres lettres font foy que c'est uniquement à l'ombre & sous le nom des Jésuites, qu'ils se sont soûtenus dans leurs Missions. On n'a qu'à lire ce que le R. P.

---

* Omnino delictum est in vobis, quòd iudicia habetis inter vos : quare non magis iniuriam accipitis.... sed vos iniuriam facitis... & hoc fratribus.

d'Alcala Dominicain écrit à Manille sur ce sujet ; il y loüe les grands travaux des Jésuites à la Chine ; & il déclare ingénûment que sans leur appui les autres Missionnaires ne seroient pas en état de remplir les moindres devoirs de leur Ministére. Nous avons donc secondé leurs bonnes intentions, nous avons concouru à leurs établissemens ; nous avons pour l'amour de JESUS-CHRIST non seulement sacrifié nôtre ressentiment, mais encore nos intérests particuliers.

Car enfin nous prévoyions assez ce qu'il nous en coûteroit dans la suite : mais la seule pensée, que la Providence Divine ménageoit peut-estre par là une paix solide & édifiante à nos Missions, nous consoloit par avance de tous nos maux.

Cette paix si prétieuse aux yeux de Dieu, si nécessaire pour nôtre repos particulier, si utile à la conversion des Idolatres, nous l'avons cherchée au travers des murmures, des injures, des calomnies. Ce n'est pas assez. J'ose dire, Monseigneur, que nous l'avons méritée par nôtre patience, & par nos bons offices. Que si de temps en temps il nous est échappé quelque plainte , c'est moins par le ressentiment de ce que nous souffrions , que par la douleur de voir le trouble & la désolation dans nos Eglises.

Devions-nous donc pour calmer cét ora-
ge sacrifier aux opinions de trois ou quatre
nouveaux Missionnaires, ce que cinquante
autres plus anciens, & mieux instruits,
avoient si sagement établi dans la Chine?
Falloit-il risquer, je ne dirai pas nôtre réputation, (plust à Dieu qu'il n'en coûtast
pas davantage à la Religion) mais le salut
du plus grand Empire du monde ? C'eust été,
Monseigneur, une paix plus dangereuse que
toutes les guerres ; & je ne sçai si même à
ce prix-là nous l'eussions pû conserver ; il
restoit bien encore d'autres sujets de dispute, qu'il n'est pas ici à propos d'aprofon-
dir.

Aprés tout, je veux croire que le plus
grand mal vient du commun ennemi de
la Religion. Le démon toûjours attentif à
détruire le Troupeau, ne perd aucune occasion de diviser les Pasteurs. Pour inspirer
le désordre aux gens du monde, il met en
œuvre toutes leurs passions : pour troubler
les gens de bien dans leur ministére, il se
sert même de leurs vertus. Ainsi le zéle est
devenu une pierre de scandale ; l'esprit de
réforme a arresté le cours de l'Evangile ;
le désir de partager avec nous les travaux
Apostoliques, a presque détruit l'économie
de nos Missions. Ce ne sont pas de nou-

faux Apôtres qui se declarent contre nous, c'est l'Enfer qui nous combat avec leurs armes.

Vous voyez, Monseigneur, que sans y faire réflexion je deffends même nos adversaires ; car je serois ravi que nous fussions tous unis dans la charité de Jesus-Christ : j'excuse volontiers les foiblesses de quelques Particuliers, je louë même leurs bonnes intentions ; j'honnore sur tout infiniment leur Corps, que la science, la sainteté, l'ancienneté a rendu respectable à toute l'Eglise. Mais je voudrois bien qu'aprés être un peu revenus de leurs préjugez, ils voulussent bien comprendre que l'idolatrie dont ils nous accusent est un vain phantôme, qu'un zéle trop ardent a formé dans leur esprit, & qu'un peu de charité pourroit aisément dissiper, si chacun vouloit oublier les prétendus interests de son Ordre.

Pour moy je n'ay pû sans gémir entendre redire aux Fidéles de l'Asie ce que l'Apôtre avoit autrefois réproché aux Corinthiens ; *Je suis à Paul, & moy à Apollo, & moy à Cephas* ; qu'importe pour l'établissement de la Foy que l'Evangile soit prêché par Cephas ou par Apollo ? que Paul gemisse dans les prisons, qu'il soit humilié, calomnié ;

perſecuté par ſes Freres ; qu'Apollo * s'élevé
par ſon éloquence, & que de Prédicateur
des anciens Fidéles , il ſe faſſe encore le
Prédicateur des Gentils ; que Cephas revêtu
de tous les poids de l'autorité Apoſtolique
devienne ſeul la pierre fondamentale de ces
nouvelles Egliſes : tout eſt bien , tout eſt
utile , pourveu que le nom du Seigneur
ſoit annoncé par tout le monde. Mais ne
diviſons pas Jesus-Christ par des diſ-
putes dangereuſes, & ne tournons pas contre ſes Miniſtres le glaive qui ne nous a été
donné que pour détruire la puiſſance de l'enfer.

Ce ſont-là, Monſeigneur, les vœux que
l'amour de la Religion inſpire à tous nos
Miſſionnaires pour la converſion de la Chine. Oſerois-je en finiſſant cette Lettre, y
joindre encore ceux qu'ils font tous les jours
pour le ſalut, pour la gloire, pour la proſ-
périté de vôtre perſonne : je ſouhaitte non
ſeulement que vous en ſoyez perſuadé, mais
encore que vous jugiez de leurs ſentimens

* inſtruit à peine du Baptême de
Iean-Baptiſte.
Act... 18.

par les miens, & sur tout par la parfaite reconnoissance, & par le tres-respectueux dé-
voüement, avec lesquels je suis,

MONSEIGNEUR;

De vôtre Altesse Sereniss.

Le tres-humble & tres-obéissant ser-
viteur,
L. LECOMTE, de la Com-
pagnie de Jesus.